Parler allemand facilement

3 en 1 pratique complète de l'allemand pour les débutants

Parler allemand facilement - 3 en 1 pratique complète de l'allemand pour les débutants : Maîtrisez le vocabulaire allemand utile, les phrases essentielles en allemand et les phrases de conversation quotidienne en allemand

Publié en 2023 par Dialog Abroad Books

0921 002
2 4 6 8 10 9 7 5 3
ISBN 9783985522392

Contenu

LIVRE 1:
Retenir le vocabulaire allemand

1001 questions de vocabulaire allemand pour parler couramment l'allemand

LIVRE 1 Contenu

Chapitre 1

NOMS

1. Quelle est la traduction correcte pour "la fourmi"?
das Haar | die Größe | die Möbel | die Ameise

2. Quelle est la traduction correcte pour "la population"?
die Innenstadt | der Sack | der Hut | die Bevölkerung

3. Quelle est la traduction correcte pour "la côte"?
die Küste | der Mais | der Pfannkuchen | das Öl

4. Quelle est la traduction correcte pour "l'histoire"?
die Halle | die Geschichte | der Ziegelstein | die Kehle

5. Quelle est la traduction correcte pour "le sel"?
das Salz | die Notiz | das Popcorn | der Zweig

6. Quelle est la traduction correcte pour "le mois"?
der Monat | die Krippe | die Rate | der Bahnhof

7. Quelle est la traduction correcte pour "le mur"?
das Zuhause | das Flugzeug | die Mauer | die Bestellung

8. Quelle est la traduction correcte pour "la cuillère"?
die Dose | der Ursprung | der Schleier | der Löffel

9. Quelle est la traduction correcte pour "l'instrument"?
die Note | der Himmel | das Instrument | das Gefühl

10. Quelle est la traduction correcte pour "le signe"?
die Gänse | das Gespenst | das Schild | die Lieder

11. Quelle est la traduction correcte pour "la maison"?
der Stamm | die Kehle | der Nerv | das Haus

12. Quelle est la traduction correcte pour "la partie"?
das Teil | das Zimmer | der Schlauch | der Großvater

13. Quelle est la traduction correcte pour "l'astuce"?
die Königin | der Trick | die Front | das Zuhause

14. Quelle est la traduction correcte pour "la fenêtre"?
der Gouverneur | die Mahlzeit | der Eimer | das Fenster

15. Quelle est la traduction correcte pour "l'ile"?
der Fäustling | die Bewegung | die Insel | die Grenze

16. Quelle est la traduction correcte pour "la catégorie"?
die Show | die Kleidung | die Kategorie | der Gepäckträger

17. Quelle est la traduction correcte pour "la connexion"?
die Schnecken | der Norden | die Verbindung | das Rohr

18. Quelle est la traduction correcte pour "la note"?
das bisschen | die Note | der Lauf | das Gerät

19. Quelle est la traduction correcte pour "la médecine"?
der Kredit | die Medizin | der Zug | das Schiff

20. Quelle est la traduction correcte pour "le goût"?
der Geschmack | die Wut | der Frosch | der Tisch

21. Quelle est la traduction correcte pour "la famille"?
die Familie | die Gesundheit | der Truthahn | der Vertrieb

22. Quelle est la traduction correcte pour "la montagne"?
das Niesen | der Berg | der Bauernhof | die Blase

23. Quelle est la traduction correcte pour "le nombre"?
Gebäude | das Haar | die Arithmetik | die Nummer

24. Quelle est la traduction correcte pour "la guitare"?
der Flügel | der Schöpfer | die Gitarre | die Mädchen

25. Quelle est la traduction correcte pour "l'océan"?
das Feuer | das Bad | der Ozean | das Limit

26. Quelle est la traduction correcte pour "le train"?
die Magie | die Waffe | der Volleyball | der Zug

27. Quelle est la traduction correcte pour "le cable"?
der Vorhang | das Kabel | die Beine | die Tür

28. Quelle est la traduction correcte pour "l'avion"?
die Nase | der Motor | das Flugzeug | die Bombe

29. Quelle est la traduction correcte pour "le légume"?
die Freunde | das Gemüse | der Freund | die Lampe

30. Quelle est la traduction correcte pour "la pluie"?
der Regen | die Pferde | der Van | der Frühling

31. Quelle est la traduction correcte pour "le point"?
der Punkt | das System | das Schwimmen | das Haus

32. Quelle est la traduction correcte pour "la nourriture"?
das Essen | die Struktur | der Affe | der Rock

33. Quelle est la traduction correcte pour "la fondation"?
der Wert | die Puppe | die Grundlage | der Schock

34. Quelle est la traduction correcte pour "le corbeau"?
die Saite | die Krähe | die Idee | die Wanne

35. Quelle est la traduction correcte pour "le petit ami"?
die Männer | die Plantage | die Geburt | der Freund

36. Quelle est la traduction correcte pour "l'université"?
die Mutter | der Spaten | die Universität | die Karte

37. Quelle est la traduction correcte pour "la question"?
die Flamme | die Nase | der Fehler | die Frage

38. Quelle est la traduction correcte pour "l'angle"?
der Winkel | der Handschuh | der Tritt | der Nachmittag

39. Quelle est la traduction correcte pour "la lettre"?
der Buchstabe | die Kreide | die Babys | der Topf

40. Quelle est la traduction correcte pour "la fée"?
das Gefäss | die Fee | der Yak | der Müll

41. Quelle est la traduction correcte pour "la profondeur"?
das Obst | die Chance | die Tiefe | der Köder

42. Quelle est la traduction correcte pour "l'art"?
die Vene | der Staub | die Belohnung | die Kunst

43. Quelle est la traduction correcte pour "la dette"?
die Häuser | die Bombe | der Stift | die Schuld

44. Quelle est la traduction correcte pour "l'arbre"?
die Wende | der Schnee | die Distanz | der Baum

45. Quelle est la traduction correcte pour "l'alarme"?
das Auge | der Alarm | die Blume | das Feld

46. Quelle est la traduction correcte pour "la bouteille"?
das Lachen | der Rücken | die Flasche | der Schreibtisch

47. Quelle est la traduction correcte pour "le virus"?
das Virus | der Klang | die Unterwäsche | der Schweif

48. Quelle est la traduction correcte pour "le camion"?
das Medaillon | die Kappe | die Piste | der Lastwagen

49. Quelle est la traduction correcte pour "la pomme de terre"?
das Rotkehlchen | die Kartoffel | der Rahmen | die Hoffnung

50. Quelle est la traduction correcte pour "le riz"?
das Wetter | der Reis | der Friedhof | der Strom

51. Quelle est la traduction correcte pour "le crayon"?
das Lächeln | die Ente | der Buntstift | die Art

52. Quelle est la traduction correcte pour "la frontière"?
die Bedingung | der Eiszapfen | das Krankenhaus | die Grenze

53. Quelle est la traduction correcte pour "la porte"?
das Tor | der Sand | die Schwierigkeiten | die Butter

54. Quelle est la traduction correcte pour "le clavier"?
die Rose | der Kuchen | der Stich | die Tastatur

55. Quelle est la traduction correcte pour "le bouton"?
der Vulkan | die Schaukel | die Taste | die Klingel

56. Quelle est la traduction correcte pour "l'espace"?
der Raum | die Schweine | das Bauholz | die Enten

57. Quelle est la traduction correcte pour "l'orange"?
die Bücher | die Großmutter | die Schiene | die Orange

58. Quelle est la traduction correcte pour "la bataille"?
das Produkt | der Kampf | die Giraffe | der Pfiff

59. Quelle est la traduction correcte pour "le fils"?
die Kirsche | der Sohn | der Donner | die Summe

60. Quelle est la traduction correcte pour "l'atmosphère"?
der Käse | die Minute | das Ohr | Atmosphäre

61. Quelle est la traduction correcte pour "la compétence"?
die Mitte | die Orange | der Quarz | das Können

62. Quelle est la traduction correcte pour "l'animal de compagnie"?
die Sprache | das Haustier | der Frieden | der Teller

63. Quelle est la traduction correcte pour "la boisson gazéifiée"?
die Straße | die Soda | die Vogelscheuche | das Horn

64. Quelle est la traduction correcte pour "le carré"?
der Bauernhof | die Bildunterschrift | das Quadrat | die Tasche

65. Quelle est la traduction correcte pour "le traitement"?
die Heilung | der Ursprung | der Kampf | die Schnecken

66. Quelle est la traduction correcte pour "le pot"?
das Wachs | das Gefäss | der Kopf | der Landstreicher

67. Quelle est la traduction correcte pour "la peinture"?
das Gemälde | die Beine | das Feuer | die Katzen

68. Quelle est la traduction correcte pour "la vérité"?
die Wahrheit | der Speisesaal | die Reise | der Cent

69. Quelle est la traduction correcte pour "l'imagination"?
der Onkel | die Armee | der Junge | die Vorstellung

70. Quelle est la traduction correcte pour "la police"?
der Schleier | die Gesundheit | die Wissenschaft | die Polizei

71. Quelle est la traduction correcte pour "la route"?
die Bezahlung | das Gewehr | die Peitsche | die Straße

72. Quelle est la traduction correcte pour "les données"?
die Stadt | die Tasche | der Cent | die Daten

73. Quelle est la traduction correcte pour "le trou"?
das Flugzeug | die Harmonie | das Loch | das Wetter

74. Quelle est la traduction correcte pour "le canapé"?
die Stunde | der Umzug | das Sofa | das Messer

75. Quelle est la traduction correcte pour "les média"?
der Finger | die Wolle | die Dinosaurier | die Medien

76. Quelle est la traduction correcte pour "le crochet"?
die Seite | das Verbrechen | die Küste | der Haken

77. Quelle est la traduction correcte pour "la mer"?
das Meer | die Brücke | der Lastwagen | der Geburtstag

78. Quelle est la traduction correcte pour "le propriétaire"?
der Besitzer | das Gespenst | die Tatsache | das Zink

79. Quelle est la traduction correcte pour "la relation"?
die Beziehung | das Gewehr | die Lastwagen | die Handlung

80. Quelle est la traduction correcte pour "la main"?
der Glaube | die Hand | die Karte | die Ente

81. Quelle est la traduction correcte pour "le département"?
die Abteilung | die Spitze | die Party | die Blumen

82. Quelle est la traduction correcte pour "le beurre"?
die Sekretärin | der Rechner | die Butter | der Zimmermann

83. Quelle est la traduction correcte pour "l'image"?
das Komitee | die Wäsche | das Bild | der Vers

84. Quelle est la traduction correcte pour "le meneur"?
die Macht | das Ende | der Leiter | das Einkommen

85. Quelle est la traduction correcte pour "le bois"?
die Beobachtung | das Holz | der Koch | der Schlittschuh

86. Quelle est la traduction correcte pour "la gauche"?
die Branche | das Team | die Kätzchen | die linke

87. Quelle est la traduction correcte pour "la ligne"?
die Bewegung | der Reichtum | die Linie | die Freunde

88. Quelle est la traduction correcte pour "la terre"?
die Nuss | die Erde | die Freigabe | der Cracker

89. Quelle est la traduction correcte pour "l'odeur"?
die Zahnbürste | der Geruch | der Name | die Kreide

90. Quelle est la traduction correcte pour "la taille"?
der Landstreicher | die Kinder | die Größe | die Glocken

91. Quelle est la traduction correcte pour "la rue"?
der Passagier | die Straße | die Flamme | das System

92. Quelle est la traduction correcte pour "la colline"?
die Blumen | der Haken | das Sofa | der Hügel

93. Quelle est la traduction correcte pour "la montre"?
die Karte | die Uhr | die Männer | das Kabel

94. Quelle est la traduction correcte pour "le paiement"?
das Haus | die Bezahlung | das Gefäss | der Besucher

95. Quelle est la traduction correcte pour "le volume"?
die Lautstärke | die Tochter | die Sache | der Hammer

96. Quelle est la traduction correcte pour "le rideau"?
der Vorhang | die Erweiterung | die Verbindung | die Biene

97. Quelle est la traduction correcte pour "les funérailles"?
die Maßnahme | der Unternehmensbereich | der Klee | die Beerdigung

98. Quelle est la traduction correcte pour "le poignet"?
das Handgelenk | die Folgen | das Bein | die Maschine

99. Quelle est la traduction correcte pour "le conducteur"?
die Orangen | die Hitze | der Monat | der Fahrer

100. Quelle est la traduction correcte pour "l'aile"?
der Flügel | die Kurve | das Schreiben | der Finger

101. Quelle est la traduction correcte pour "la lune"?
der Strom | das Schloss | der Mond | das Garn

102. Quelle est la traduction correcte pour "le tonnerre"?
der Donner | die Prosa | das Gesicht | das Aussehen

103. Quelle est la traduction correcte pour "la vidéo"?
die Vereinbarung | die Verdauung | das Video | das Gespenst

104. Quelle est la traduction correcte pour "l'ami"?

das Lesen | das Spinnennetz | der Freund | der Lärm

105. Quelle est la traduction correcte pour "la bouche"?
das Waschbecken | der Mund | der Herbst | die Hitze

106. Quelle est la traduction correcte pour "le baiser"?
die Babys | der Kuss | die Luft | die Häuser

107. Quelle est la traduction correcte pour "le fond"?
der Boden | die Rate | die Grenze | die Party

108. Quelle est la traduction correcte pour "le désastre"?
das Unglück | der Tisch | das Viertel | die Stimme

109. Quelle est la traduction correcte pour "l'exemple"?
das Beispiel | der Strohhalm | die Berührung | der Krieg

110. Quelle est la traduction correcte pour "l'industrie"?
die Freigabe | das Ticket | das Temperament | die Branche

111. Quelle est la traduction correcte pour "le poison"?
die Kappe | die Kirsche | das Eis | das Gift

112. Quelle est la traduction correcte pour "la tente"?
das Zelt | der Ratschlag | der Zucker | das Grad

113. Quelle est la traduction correcte pour "la semaine"?
der Tierpark | die Woche | das Papier | die Stille

114. Quelle est la traduction correcte pour "le consommateur"?
die Mädchen | der Kunde | die Maschine | das Kleid

115. Quelle est la traduction correcte pour "le triangle"?
der Name | der Rauch | der Strohhalm | das Dreieck

116. Quelle est la traduction correcte pour "l'année"?

das Jahr | die Sachen | das Aussehen | die Tafel

117. Quelle est la traduction correcte pour "la devise"?
die Menge | die Grenze | die Kuchen | die Währung

118. Quelle est la traduction correcte pour "le brouillard"?
der Stein | der Honig | der Nebel | die Zerstörung

119. Quelle est la traduction correcte pour "le fromage"?
der Atem | der Käse | das Auge | der Reißverschluss

120. Quelle est la traduction correcte pour "la porte"?
der Eimer | die Züge | das Kaninchen | die Tür

121. Quelle est la traduction correcte pour "le frère"?
die Beere | der Bruder | der Boden | die Position

122. Quelle est la traduction correcte pour "le serpent"?
die Schlange | das Salz | die Angst | der Buchstabe

123. Quelle est la traduction correcte pour "l'enseignant"?
das Gras | das Konto | der Lehrer | die Rate

124. Quelle est la traduction correcte pour "la poudre"?
die Reise | das Pulver | der Rock | die Tomaten

125. Quelle est la traduction correcte pour "la guerre"?
der Kunststoff | der Krieg | die Lampe | die Sonne

126. Quelle est la traduction correcte pour "l'écrivain"?
der Schriftsteller | der Hals | das Jahr | die Nadel

127. Quelle est la traduction correcte pour "l'étranger"?
die Nacht | die Tür | der Angriff | der Fremde

128. Quelle est la traduction correcte pour "le moment"?

die Masse | der Baum | der Moment | der Biss

129. Quelle est la traduction correcte pour "le loisir"?
der Quarz | der Wert | die Schlange | das Hobby

130. Quelle est la traduction correcte pour "l'argument"?
der Urlaub | das Argument | die Lehre | die Betten

131. Quelle est la traduction correcte pour "le problème"?
der Partner | der Schreibtisch | das Problem | die Küste

132. Quelle est la traduction correcte pour "l'application"?
die Hände | das Ereignis | die Anwendung | die Route

133. Quelle est la traduction correcte pour "la carte"?
die Karte | der Vogel | die Schattierung | der Vogel

134. Quelle est la traduction correcte pour "le contexte"?
der Kontext | das Öl | die Hose | das Bein

135. Quelle est la traduction correcte pour "le coude"?
der Ellbogen | die Giganten | die Liebe | die Haferflocken

136. Quelle est la traduction correcte pour "le volcan"?
der Treibstoff | der Baseball | der Vulkan | das Flugzeug

137. Quelle est la traduction correcte pour "le pot"?
der Topf | der Cent | die Rolle | der Motor

138. Quelle est la traduction correcte pour "le groupe"?
der Klub | die Gruppe | der Schraubenschlüssel | das Essen

139. Quelle est la traduction correcte pour "la météo"?
das Wetter | die Schule | die Kuchen | die Taste

140. Quelle est la traduction correcte pour "le bain"?

der Mund | das Waschbecken | der Winter | das Bad

141. Quelle est la traduction correcte pour "la crêpe"?
die Armee | der Eimer | die Sache | der Pfannkuchen

142. Quelle est la traduction correcte pour "le miel"?
der Honig | das Joch | die Marmelade | das Boot

143. Quelle est la traduction correcte pour "la pollution"?
das Bad | die Verschmutzung | der Kreis | die Bildung

144. Quelle est la traduction correcte pour "le charpentier"?
der Zimmermann | der Magen | der Bleistift | der Schriftsteller

145. Quelle est la traduction correcte pour "le chat"?
die Katze | die Briefmarke | das Bild | die Reibung

146. Quelle est la traduction correcte pour "la chimie"?
der Gauner | die Lieder | das Ei | die Chemie

147. Quelle est la traduction correcte pour "le chou"?
das Schloss | der Raum | der Kohl | die Hose

148. Quelle est la traduction correcte pour "le canard"?
die Ente | der Basketball | die Balance | das Geschäft

149. Quelle est la traduction correcte pour "le tremblement de terre"?
der Zephyr | das Erdbeben | der Bogen | der Rauch

150. Quelle est la traduction correcte pour "l'anniversaire"?
der Geburtstag | der Müll | die Maßnahme | das Zimmer

151. Quelle est la traduction correcte pour "la paille"?
das Teil | die Pest | der Strohhalm | der Geruch

152. Quelle est la traduction correcte pour "le bâtiment"?
das Vieh | Gebäude | das Rad | die Show

153. Quelle est la traduction correcte pour "la puissance"?
die Zahnpasta | das Komitee | die Macht | die Pflege

154. Quelle est la traduction correcte pour "le souhait"?
die Belohnung | der Punkt | der Sellerie | der Wunsch

155. Quelle est la traduction correcte pour "le verre"?
die Plantage | der Schuh | das Glas | das Messing

156. Quelle est la traduction correcte pour "le gagnant"?
die Hand | der Gewinner | die Substanz | das Ich

157. Quelle est la traduction correcte pour "l'estomac"?
der Magen | das Popcorn | Stadtmitte | die Katze

158. Quelle est la traduction correcte pour "le lit"?
das Bett | der Stecker | die Brücke | der Klub

159. Quelle est la traduction correcte pour "le cou"?
das Geflügel | der Hals | der Treibstoff | die Hand

160. Quelle est la traduction correcte pour "la gare"?
der Bahnhof | die Berührung | der Panzer | der Stahl

161. Quelle est la traduction correcte pour "le succès"?
die Kirche | das Zimmer | die Spitze | der Erfolg

162. Quelle est la traduction correcte pour "la fourchette"?
der Mann | die Gabel | die Bremse | der Rhythmus

163. Quelle est la traduction correcte pour "le menton"?
das Kinn | der Pfannkuchen | die Halle | das Schiff

164. Quelle est la traduction correcte pour "la calculatrice"?
die Stange | der Rechner | das Limit | der Klang

165. Quelle est la traduction correcte pour "la connaissance"?
die Tasche | das Wissen | der Bruder | das Bedauern

166. Quelle est la traduction correcte pour "le film"?
das Limit | der Vertrieb | der Film | die Bildunterschrift

167. Quelle est la traduction correcte pour "la poche"?
das Ich | die Tasche | das Silber | die Krähe

168. Quelle est la traduction correcte pour "le goût"?
das Bett | der Hafen | der Geschmack | die Harmonie

169. Quelle est la traduction correcte pour "le sens"?
die Arithmetik | der Sinn | das Schlafzimmer | der Experte

170. Quelle est la traduction correcte pour "le port"?
die Arbeit | der Alarm | der Hafen | das Loch

171. Quelle est la traduction correcte pour "la recette"?
der Vorschlag | das Rezept | der Anzug | die Rose

172. Quelle est la traduction correcte pour "la définition"?
die Definition | das Lied | das Grad | die Tinte

173. Quelle est la traduction correcte pour "la personne"?
die Person | das Bügeleisen | die Steppdecke | der Grund

174. Quelle est la traduction correcte pour "le lac"?
die Freude | die Wanne | der See | die Ringe

175. Quelle est la traduction correcte pour "la sécurité"?
die Maschine | die Sicherheit | der Feuerwehrmann | das Obst

176. Quelle est la traduction correcte pour "la tante"?
der Minister | die Tante | das Eis | die Branche

177. Quelle est la traduction correcte pour "le sens"?
die Angst | die Beobachtung | der Lauf | die Bedeutung

178. Quelle est la traduction correcte pour "la position"?
die Position | der Honig | das Geschäft | das Regal

179. Quelle est la traduction correcte pour "le chien"?
die Haustiere | der Hund | das Medaillon | das Junge

180. Quelle est la traduction correcte pour "les meubles"?
die Möbel | die Kiste | der Fuss | die Kleidung

181. Quelle est la traduction correcte pour "le manteau"?
der Mantel | die Gurke | der Führer | die Macht

182. Quelle est la traduction correcte pour "le plancher"?
der Junge | das Essen | der Boden | der Fuss

183. Quelle est la traduction correcte pour "le prix"?
die Versicherung | das Geld | das Niesen | der Preis

184. Quelle est la traduction correcte pour "l'article"?
der Artikel | der Zeh | Sie bin | der Knochen

185. Quelle est la traduction correcte pour "le produit"?
der Wagen | das Gold | das Produkt | die Behandlung

186. Quelle est la traduction correcte pour "la télévision"?
der Panzer | die Fliege | die Schweine | das Fernsehen

187. Quelle est la traduction correcte pour "l'invention"?
der Anfänger | das Glas | das Kinn | die Erfindung

188. Quelle est la traduction correcte pour "l'étoile"?
die Eier | der Husten | der Stern | die Weste

189. Quelle est la traduction correcte pour "la reine"?
die Königin | der Daumen | die Hunde | die Pest

190. Quelle est la traduction correcte pour "la boîte aux lettres"?
der Vergleich | das Postfach | die Pferde | die Form

191. Quelle est la traduction correcte pour "le sourire"?
der Pfad | die Gruppe | das Lächeln | die Straße

192. Quelle est la traduction correcte pour "haut"?
der Reichtum | die jetzige | die Spitze | die Nation

193. Quelle est la traduction correcte pour "l'extérieur"?
die Außenseite | der Vertrieb | das Schachspiel | das Lager

194. Quelle est la traduction correcte pour "le diamant"?
das Geld | die Häuser | die Kappe | der Diamant

195. Quelle est la traduction correcte pour "l'insigne"?
das Einkommen | der Kaktus | das Abzeichen | die Mahlzeit

196. Quelle est la traduction correcte pour "le métal"?
das Essen | der Griff | das Metall | die Chance

197. Quelle est la traduction correcte pour "la plante"?
der Buntstift | der Köcher | die Pflanze | die Züge

198. Quelle est la traduction correcte pour "la roue"?
die Züge | das Rad | der Mais | die Wellen

199. Quelle est la traduction correcte pour "la réunion"?
die Suppe | der Müll | das Treffen | der Raum

200. Quelle est la traduction correcte pour "l'aiguille"?
das Junge | das Geflügel | das Wachstum | die Nadel

201. Quelle est la traduction correcte pour "la boîte"?
der Fangzahn | der Anfang | die Kiste | der Mantel

202. Quelle est la traduction correcte pour "l'église"?
der Van | die Muschel | die Kirche | der Zweck

203. Quelle est la traduction correcte pour "le fait"?
die Lieder | der Slip | die Tatsache | die Gesellschaft

204. Quelle est la traduction correcte pour "l'accident"?
das Jahr | der Unfall | die Schiene | das Gefängnis

205. Quelle est la traduction correcte pour "la langue"?
die Kraft | die Bühne | die Berührung | die Sprache

206. Quelle est la traduction correcte pour "l'enfance"?
die Attraktion | die Soda | die Kindheit | die Ameisen

207. Quelle est la traduction correcte pour "l'écureuil"?
das Eichhörnchen | der Flughafen | die Zähne | der Daumen

208. Quelle est la traduction correcte pour "la crème"?
die Seide | die Creme | die Verwendung | die Tendenz

209. Quelle est la traduction correcte pour "le sac"?
der Sack | der Grund | der Glaube | die Szene

210. Quelle est la traduction correcte pour "l'idée"?
die Puppen | der Wettbewerb | das Joch | die Idee

211. Quelle est la traduction correcte pour "l'œuf"?
das Ei | die Vase | der Magen | das Wissen

212. Quelle est la traduction correcte pour "l'entrée"?
die Aussage | der Impuls | der Eintritt | das Paket

213. Quelle est la traduction correcte pour "la neige"?
der Tod | der Schleier | der Schnee | die Angleichung

214. Quelle est la traduction correcte pour "l'entreprise"?
die Fahrräder | das Gerät | das Unternehmen | der Ausbruch

215. Quelle est la traduction correcte pour "la description"?
der Knoten | der Sprung | die Beschreibung | der Ort

216. Quelle est la traduction correcte pour "l'école"?
die Schule | die Schnecke | der Cent | die Büsche

217. Quelle est la traduction correcte pour "la machine"?
der Schuh | die Gänse | das Nest | die Maschine

218. Quelle est la traduction correcte pour "la performance"?
das Treffen | das Leder | die Performance | der Verlust

219. Quelle est la traduction correcte pour "le téléphone portable"?
die Woche | das Handy | die Aussage | der Fisch

220. Quelle est la traduction correcte pour "la maison"?
das Zuhause | die Lastwagen | der Preis | der Duft

221. Quelle est la traduction correcte pour "le profit"?
der Zucker | die Frösche | der Profit | der Name

222. Quelle est la traduction correcte pour "le système"?
das Baby | die Tinte | der Esel | das System

223. Quelle est la traduction correcte pour "la santé"?
die Schere | die Gesundheit | das Temperament | die jetzige

224. Quelle est la traduction correcte pour "la raison"?
der Grund | die Erinnerung | der Rechen | der Mann

225. Quelle est la traduction correcte pour "la conversation"?
die Steppdecke | die Kirschen | die Kraft | die Unterhaltung

226. Quelle est la traduction correcte pour "la zone"?
die Überraschung | das Gebiet | der Ball | das Tor

227. Quelle est la traduction correcte pour "le stylo"?
die Form | der Pflug | die Hasen | der Stift

228. Quelle est la traduction correcte pour "la responsabilité"?
die Szene | die Verantwortung | der Abfluss | die Perle

229. Quelle est la traduction correcte pour "le gâteau"?
der Kuchen | das Instrument | die Kühe | der Halt

230. Quelle est la traduction correcte pour "la distance"?
die Pflanzen | die Distanz | das Land | die Falte

231. Quelle est la traduction correcte pour "le chemin"?
die Liebe | der Weg | der Zweck | das Tablett

232. Quelle est la traduction correcte pour "l'hôtel"?
das Hotel | die Fledermaus | die Note | das Lachen

233. Quelle est la traduction correcte pour "le jouet"?
der Schneeregen | die Stimme | das Spielzeug | das Schwein

234. Quelle est la traduction correcte pour "la bombe"?
die Bombe | das Spinnennetz | der Hass | die Krippe

235. Quelle est la traduction correcte pour "la méthode"?
die Betten | die Methode | die Fledermaus | die Schwestern

236. Quelle est la traduction correcte pour "l'enfant"?
die Wolle | die Kontrolle | das Kind | die Wendung

237. Quelle est la traduction correcte pour "le vol"?
das Territorium | der Zaunkönig | der Flug | das Meer

238. Quelle est la traduction correcte pour "l'attraction"?
die Entwicklung | der Löffel | der Tierpark | die Attraktion

239. Quelle est la traduction correcte pour "la magie"?
die Mäuse | die Pfanne | die Kurve | die Magie

240. Quelle est la traduction correcte pour "le journal"?
die Buchstaben | die Zeitung | der Doktor | das Baby

241. Quelle est la traduction correcte pour "l'autoroute"?
die Milch | der Stoß | die Autobahn | das Vieh

242. Quelle est la traduction correcte pour "la face"?
der Donner | der Tag | das Gesicht | der Spion

243. Quelle est la traduction correcte pour "l'humour"?
die Auswahl | das Schütteln | der Humor | die Waffe

244. Quelle est la traduction correcte pour "le sang"?
das Blut | die Höhle | die Behandlung | die Kirschen

245. Quelle est la traduction correcte pour "l'employé"?
der Arbeitnehmer | der Stift | die Kreatur | der Rahmen

246. Quelle est la traduction correcte pour "le pourcentage"?
der Prozentanteil | das Bedürfnis | der Schlüssel | das Postfach

247. Quelle est la traduction correcte pour "le sac à dos"?
das Land | der Rucksack | die Biene | der Effekt

248. Quelle est la traduction correcte pour "le livre"?
das Buch | der Stern | die Taste | die Zehen

249. Quelle est la traduction correcte pour "la robe"?
das Kleid | der Schöpfer | der Zahn | die Freigabe

250. Quelle est la traduction correcte pour "le bébé"?
das Baby | der Staub | die Schuhe | der Feuerwehrmann

251. Quelle est la traduction correcte pour "la nature"?
das Gerät | die Natur | das Insekt | das Metall

252. Quelle est la traduction correcte pour "la fille"?
die Form | die Bedingung | die Tochter | die Hunde

253. Quelle est la traduction correcte pour "le côté"?
das Rad | die Seite | die Menge | die Schuhe

254. Quelle est la traduction correcte pour "l'écharpe"?
der Rock | der Schal | der Gedanke | die Socke

255. Quelle est la traduction correcte pour "la créature"?
der Yak | die Kreatur | das Bett | das Fleisch

256. Quelle est la traduction correcte pour "la quantité"?
die Nadel | der Nachmittag | der Knaller | die Summe

257. Quelle est la traduction correcte pour "la cave"?
die Verwendung | das Lachen | die Höhle | die Klasse

258. Quelle est la traduction correcte pour "la différence"?
der Samen | das Joch | der Unterschied | der Verstand

259. Quelle est la traduction correcte pour "le doigt de pied"?
der Kalender | die Katze | der Flügel | der Zeh

260. Quelle est la traduction correcte pour "la fleur"?
das Auto | der Schweif | der Zephyr | die Blume

261. Quelle est la traduction correcte pour "la graine"?
das Fleisch | der Samen | das Sofa | das Glas

262. Quelle est la traduction correcte pour "l'investissement"?
die Investition | das Papier | der Nervenkitzel | der Passagier

263. Quelle est la traduction correcte pour "le moteur"?
die Ratte | die Glocken | der Motor | der Marmor

264. Quelle est la traduction correcte pour "la queue"?
der Schweif | die Nation | der Passagier | die Gänse

265. Quelle est la traduction correcte pour "l'os"?
der Knochen | der Regenschirm | die Möbel | das bisschen

266. Quelle est la traduction correcte pour "l'échec"?
die Substanz | der Fehlschlag | der Experte | der Gouverneur

267. Quelle est la traduction correcte pour "la glace"?
der Esel | die Skala | das Eis | der Käse

268. Quelle est la traduction correcte pour "le bijou"?
der Schal | das Juwel | die Tafel | die Giraffe

269. Quelle est la traduction correcte pour "le ciel"?
der See | der Himmel | das Geschäft | der Geschmack

270. Quelle est la traduction correcte pour "le joueur"?
der Kragen | der Treibsand | das Treffen | der Spieler

271. Quelle est la traduction correcte pour "l'ombre"?
die Schattierung | die Schlange | das Huhn | das Juwel

272. Quelle est la traduction correcte pour "l'huile"?
der Rechen | der Flug | das Eichhörnchen | das Öl

273. Quelle est la traduction correcte pour "l'appartement"?
die Lampe | der Sinn | der Friedhof | das Apartment

274. Quelle est la traduction correcte pour "l'effort"?
der Aufwand | die Ursache | die Mine | der Hügel

275. Quelle est la traduction correcte pour "le chapeau"?
der Truthahn | das Wasser | der Hut | der Dampf

276. Quelle est la traduction correcte pour "la viande"?
die Gruppe | das Fleisch | die Höhle | das Design

277. Quelle est la traduction correcte pour "l'herbe"?
das Gras | der Muskel | das Auto | der Arm

278. Quelle est la traduction correcte pour "la page"?
der Norden | der Kohl | die Seite | der Winkel

279. Quelle est la traduction correcte pour "les logiciels"?
der Dreck | der Hut | die Software | die Verwendung

280. Quelle est la traduction correcte pour "la coupe de cheveux"?
die Idee | der Profit | die Fledermaus | der Haarschnitt

281. Quelle est la traduction correcte pour "l'énergie"?
die Lehre | die Energie | der Klub | die Kreatur

282. Quelle est la traduction correcte pour "les gens"?
der Ausbruch | der Zeh | die Geschichte | die Menschen

283. Quelle est la traduction correcte pour "la jambe"?
das Regal | der Protest | die Geschichte | das Bein

284. Quelle est la traduction correcte pour "la fin"?
das Horn | der Akt | der Reis | das Ende

285. Quelle est la traduction correcte pour "le marteau"?
der Hafen | das Wetter | der Hammer | der Koch

286. Quelle est la traduction correcte pour "la température"?
das Gefängnis | der Titel | die Temperatur | die Klinge

287. Quelle est la traduction correcte pour "le menu"?
die Sache | der Ofen | der Vulkan | das Menü

288. Quelle est la traduction correcte pour "le quartier"?
der Geschmack | das Blatt | der Test | das Viertel

289. Quelle est la traduction correcte pour "la soupe"?
die Mahlzeit | die Suppe | der Vater | die Kunst

290. Quelle est la traduction correcte pour "la hauteur"?
die Höhe | die Ameisen | die Handlung | die Großmutter

291. Quelle est la traduction correcte pour "l'opinion"?
die Schublade | der Schneeregen | das Gelee | die Meinung

292. Quelle est la traduction correcte pour "la cloche"?
der Austausch | die Klingel | das Geschäft | der Affe

293. Quelle est la traduction correcte pour "le soleil"?
die Sonne | der Hut | der Ausbruch | die Marmelade

294. Quelle est la traduction correcte pour "le liquide"?
der Nervenkitzel | die Wildnis | die Flüssigkeit | die Nuss

295. Quelle est la traduction correcte pour "la qualité"?
der Kohl | die Qualität | der Samen | die Seite

296. Quelle est la traduction correcte pour "la combinaison"?
das Loch | die Kombination | die Tendenz | der Kuchen

297. Quelle est la traduction correcte pour "l'animal"?
der Wechsel | die Freude | das Tier | der Anfang

298. Quelle est la traduction correcte pour "le poème"?
die Bibliothek | der Urlaub | der Leistungsträger | das Gedicht

299. Quelle est la traduction correcte pour "les ciseaux"?
die Schere | das Fleisch | die Qualle | das Unternehmen

300. Quelle est la traduction correcte pour "le rat"?
der Stahl | das Zelt | die Aktion | die Ratte

301. Quelle est la traduction correcte pour "le compte"?
die Zeit | das Konto | die Orangen | der Löffel

302. Quelle est la traduction correcte pour "la chambre"?
die Spielzeuge | der Klang | das Schlafzimmer | der Führer

303. Quelle est la traduction correcte pour "la table"?
der Bleistift | die Hoffnung | der Zahn | der Tisch

304. Quelle est la traduction correcte pour "le géant"?
der Tag | der Riese | der Junge | der Gauner

305. Quelle est la traduction correcte pour "la chose"?
die Sache | der Feuerwehrmann | das Gefühl | die Buchstaben

306. Quelle est la traduction correcte pour "le passager"?
das Gefühl | der Sohn | der Passagier | die Wasch

307. Quelle est la traduction correcte pour "la compétition"?
der Experte | die Nadel | der Wettbewerb | die Erweiterung

308. Quelle est la traduction correcte pour "le sous-vetement"?
der Nerv | die Religion | die Unterwäsche | der Mund

309. Quelle est la traduction correcte pour "les devoirs"?
der Bruder | das Instrument | die Hausaufgabe | die
Schattierung

310. Quelle est la traduction correcte pour "le gilet"?
die Zugabe | die Weste | der Besucher | der See

311. Quelle est la traduction correcte pour "le dîner"?
das Abendessen | die Küste | die Aussicht | die Soda

312. Quelle est la traduction correcte pour "la nuit"?
das Ei | die Nacht | das Baby | das heiße

313. Quelle est la traduction correcte pour "le milieu"?
die Mitte | der Korb | die Einheit | die Nummer

314. Quelle est la traduction correcte pour "le gant"?
die Leinwand | der Handschuh | die Klasse | das Rätsel

315. Quelle est la traduction correcte pour "la gamme"?
die Kontrolle | die Zerstörung | der Rechen | die Reichweite

316. Quelle est la traduction correcte pour "l'humeur"?
das Juwel | die Stimmung | die Katzen | die Herde

317. Quelle est la traduction correcte pour "la musique"?
die Musik | der Zweck | das Schwein | die Saite

318. Quelle est la traduction correcte pour "l'oeil"?
die Hobbys | das Auge | die Vase | der Doktor

319. Quelle est la traduction correcte pour "la couleur"?
der Vers | der Knoten | die Diskussion | die Farbe

320. Quelle est la traduction correcte pour "le directeur"?
der Halt | der Geschäftsführer | das Feld | die Kiste

321. Quelle est la traduction correcte pour "la technologie"?
die Technologie | die Werbung | der Hügel | die Entscheidung

322. Quelle est la traduction correcte pour "le poisson"?
das Zebra | der Marienkäfer | der Fisch | das Segel

323. Quelle est la traduction correcte pour "l'araignée"?
der Strumpf | die Spinne | der Stock | die Anfrage

324. Quelle est la traduction correcte pour "la chaîne"?
der Kanal | die Mutter | die Blase | die Entwicklung

325. Quelle est la traduction correcte pour "le mot"?
der Schock | das Getränk | der Sitz | das Wort

326. Quelle est la traduction correcte pour "le contrat"?
die Feder | die Puppen | der Handschuh | der Vertrag

327. Quelle est la traduction correcte pour "la classe"?
das Wissen | das Kabel | der Trainer | die Klasse

328. Quelle est la traduction correcte pour "le toit"?
das Temperament | die Kartoffel | das Dach | der Anzug

329. Quelle est la traduction correcte pour "le réfrigérateur"?
der Kühlschrank | die Reaktion | das Segel | die Zähne

330. Quelle est la traduction correcte pour "le bureau"?
die Grenze | das Büro | die Geschichte | der Kalender

331. Quelle est la traduction correcte pour "la petite amie"?
die Schiene | der Zimmermann | die Freundin | das Instrument

332. Quelle est la traduction correcte pour "la politique"?
die Politiker | der Ellbogen | der Quarz | die Werbung

333. Quelle est la traduction correcte pour "la clé"?
der Schlüssel | das Kissen | die Dinosaurier | der Hals

334. Quelle est la traduction correcte pour "la taxe"?
der Zaunkönig | die Klingel | die Steuer | die Aussicht

335. Quelle est la traduction correcte pour "le fil"?
die Kreatur | der Faden | die Flagge | der Fremde

336. Quelle est la traduction correcte pour "la bulle"?
der Richter | die Blase | das Schiff | das Flugzeug

337. Quelle est la traduction correcte pour "le zoo"?
die Klinge | der Tierpark | die Insel | der Treibsand

338. Quelle est la traduction correcte pour "l'après-midi"?
der Teller | der Nachmittag | die Entdeckung | der Dreck

339. Quelle est la traduction correcte pour "la limite"?
das Limit | die Klingel | die Textur | der Kohl

340. Quelle est la traduction correcte pour "le sweater"?
die Bildung | die Überraschung | das Match | der Pullover

341. Quelle est la traduction correcte pour "la maladie"?
die Krankheit | der Keller | der Teller | der Zug

342. Quelle est la traduction correcte pour "l'examen"?
der Rest | das Wachstum | die Gabel | die Prüfung

343. Quelle est la traduction correcte pour "la religion"?
die Religion | der Tritt | der Tron | der Sprung

344. Quelle est la traduction correcte pour "l'offre"?
die Kinder | das Angebot | die Bestrafung | der Glaube

345. Quelle est la traduction correcte pour "les cheveux"?
das Haar | das Zelt | der Cracker | die Bücher

346. Quelle est la traduction correcte pour "le fruit"?
der Transport | das Obst | der Klee | die Seite

347. Quelle est la traduction correcte pour "le crime"?
der Boden | der Spion | das Verbrechen | der
Schraubenschlüssel

348. Quelle est la traduction correcte pour "la pompe"?
die Eigenschaft | die Besetzung | die Pumpe | der Anstieg

349. Quelle est la traduction correcte pour "la texture"?
der Tiger | die Textur | der Zephyr | das Getränk

350. Quelle est la traduction correcte pour "la rivière"?
die Ebene | die Zugabe | der Wagen | der Fluss

351. Quelle est la traduction correcte pour "la brosse à dents"?
das Land | die Unterstützung | das Ereignis | die Zahnbürste

352. Quelle est la traduction correcte pour "le casse-croûte"?
das Zink | die Mäuse | die Regierung | der Snack

353. Quelle est la traduction correcte pour "le domaine"?
die Erfindung | der Schlaf | der Wettbewerb | das Anwesen

354. Quelle est la traduction correcte pour "le drapeau"?
die Flagge | die Zerstörung | das Kupfer | das Schaf

355. Quelle est la traduction correcte pour "la noix"?

die Nuss | der Dampf | der Eimer | das Hemd

356. Quelle est la traduction correcte pour "le magasin"?
die Stimme | das Geschäft | der Hals | das Notebook

357. Quelle est la traduction correcte pour "la saleté"?
das Grad | die Straße | der Dreck | das Dach

358. Quelle est la traduction correcte pour "l'environnement"?
die Pflanze | das Fleisch | die Umgebung | der Ellbogen

359. Quelle est la traduction correcte pour "la déclaration"?
die Aussage | die Flüssigkeit | das Horn | der Schnee

360. Quelle est la traduction correcte pour "la vache"?
der Arbeiter | die Vögel | die Kuh | die Steppdecke

361. Quelle est la traduction correcte pour "le savon"?
die Ringe | die Seife | der Speisesaal | das Land

362. Quelle est la traduction correcte pour "le parapluie"?
der Diener | der Regenschirm | die Reichweite | der Korb

363. Quelle est la traduction correcte pour "l'accord"?
der Wettbewerb | der Reis | der Van | die Vereinbarung

364. Quelle est la traduction correcte pour "le devant"?
das Knie | die Büsche | die Mäuse | die Front

365. Quelle est la traduction correcte pour "le nord"?
die Perle | die Milch | der Norden | der Herbst

366. Quelle est la traduction correcte pour "l'équipe"?
das Team | die Frösche | die Sekretärin | die Magie

367. Quelle est la traduction correcte pour "la plaque"?

der Riss | die Angleichung | der Teller | der Urlaub

368. Quelle est la traduction correcte pour "le collier"?
der Berg | die Pflanze | der Kragen | die Brücke

369. Quelle est la traduction correcte pour "le pont"?
der Wurm | der Schriftsteller | die Vögel | die Brücke

370. Quelle est la traduction correcte pour "la planète"?
die Farbe | der Planet | der Nerv | die Folgen

371. Quelle est la traduction correcte pour "la prison"?
die Jeans | das Gefängnis | die Bezahlung | das Rotkehlchen

372. Quelle est la traduction correcte pour "les vetements"?
die Basis | die Kleidung | die Pumpe | der Impuls

373. Quelle est la traduction correcte pour "la tasse"?
die Hoffnung | der Kalender | die Tasse | die Balance

374. Quelle est la traduction correcte pour "l'oiseau"?
der Vogel | die Kiste | der Pfiff | der Ring

375. Quelle est la traduction correcte pour "la solution"?
die Welle | der Fluss | die Lösung | die Eier

376. Quelle est la traduction correcte pour "la décision"?
die Entscheidung | die Vogelscheuche | der Geruch | die
Pflanzen

377. Quelle est la traduction correcte pour "la stratégie"?
der Kreis | die Weste | die Strategie | das Spiel

378. Quelle est la traduction correcte pour "la chaleur"?
der Frühling | die Hitze | der Ring | die Fliege

379. Quelle est la traduction correcte pour "la valeur"?
die Haferflocken | das Fleisch | die Aktivität | der Wert

380. Quelle est la traduction correcte pour "le cachet"?
das Konto | der Weg | die Basis | die Briefmarke

381. Quelle est la traduction correcte pour "la situation"?
der Bahnhof | der Trainer | die Stadt | die Situation

382. Quelle est la traduction correcte pour "la communauté"?
der Salat | die Pflanzen | der Honig | die Gemeinde

383. Quelle est la traduction correcte pour "l'aéroport"?
der Flughafen | der Herd | der Strohhalm | die Eisenbahn

384. Quelle est la traduction correcte pour "l'heure"?
die Anfrage | die Stunde | der Berg | das Pulver

385. Quelle est la traduction correcte pour "l'anneau"?
der Ring | das Verbrechen | der Tiger | die Mutter

386. Quelle est la traduction correcte pour "l'histoire"?
der Topf | die Frage | die Geschichte | die Glühbirne

387. Quelle est la traduction correcte pour "le dessert"?
der Stein | der Minister | das Papier | das Dessert

388. Quelle est la traduction correcte pour "le message"?
der Eiszapfen | der Rhythmus | die Erinnerung | die Nachricht

389. Quelle est la traduction correcte pour "le lieu"?
das Tor | der Ort | das Mädchen | das Leder

390. Quelle est la traduction correcte pour "l'ordinateur"?
die Verbindung | das Tor | der Computer | das Huhn

391. Quelle est la traduction correcte pour "la photo"?
die Kunst | das Foto | das Juwel | der Austausch

392. Quelle est la traduction correcte pour "le bateau"?
die Krähe | das Junge | der nachträgliche Gedanke | das Boot

393. Quelle est la traduction correcte pour "le dentifrice"?
die Zahnpasta | der Alarm | die Kiste | das Spinnennetz

394. Quelle est la traduction correcte pour "le billet"?
das Schachspiel | das Loch | der Rücken | das Ticket

395. Quelle est la traduction correcte pour "les échecs"?
das Lager | das Schachspiel | die Haut | der Hydrant

396. Quelle est la traduction correcte pour "le raisin"?
die Chance | die Spule | der Regen | die Traube

397. Quelle est la traduction correcte pour "l'ascenseur"?
der Schwamm | die Ebene | die Haut | der Aufzug

398. Quelle est la traduction correcte pour "la richesse"?
die Pfanne | das Spielzeug | der Reichtum | der Baseball

399. Quelle est la traduction correcte pour "le bureau"?
der Schreibtisch | der Winter | die Blumen | der Richter

400. Quelle est la traduction correcte pour "le cheval"?
das Pferd | die Bestellung | die Eisenbahn | der Saft

401. Quelle est la traduction correcte pour "le mari"?
die Pest | der Ehemann | der Köder | die Nase

402. Quelle est la traduction correcte pour "la terre"?
der Akt | das Lesen | das Land | der Kaktus

403. Quelle est la traduction correcte pour "le poulet"?
das Huhn | das Brot | die Distanz | der Kredit

404. Quelle est la traduction correcte pour "le début"?
das Fenster | der Anfang | das Handgelenk | die Schuld

405. Quelle est la traduction correcte pour "le tiroir"?
der Weg | die Schublade | der Riss | das Wachs

406. Quelle est la traduction correcte pour "le lait"?
die Schande | die Milch | der Stift | das Auto

407. Quelle est la traduction correcte pour "le rocher"?
der Stein | das Getränk | die Sonne | der Diener

408. Quelle est la traduction correcte pour "la chance"?
der Lauf | die Strecke | die Chance | die Größe

409. Quelle est la traduction correcte pour "la foule"?
die Wildnis | das Kleid | die Menge | die Spule

410. Quelle est la traduction correcte pour "le cœur"?
die Angleichung | das Herz | die Freunde | die Liebe

411. Quelle est la traduction correcte pour "l'oncle"?
die Haut | die Verschmutzung | der Eiszapfen | der Onkel

412. Quelle est la traduction correcte pour "le cercle"?
die Blume | das Gras | der Kreis | die Entdeckung

413. Quelle est la traduction correcte pour "la cave"?
die Titelseite | das Territorium | der Keller | die Zunge

414. Quelle est la traduction correcte pour "le sujet"?
der Spielplatz | das Thema | die Anfrage | das Gespräch

415. Quelle est la traduction correcte pour "le cadeau"?
der Freund | das Geschenk | der Wunsch | das Lied

416. Quelle est la traduction correcte pour "la priorité"?
die Aussicht | die Summe | der Rechner | die Priorität

417. Quelle est la traduction correcte pour "la direction"?
die Richtung | die Reise | die Zunge | der Pfannkuchen

418. Quelle est la traduction correcte pour "le sifflet"?
der Pfiff | die Krone | der Vorhang | die Kontrolle

419. Quelle est la traduction correcte pour "la femme"?
das Messing | die Kamera | die Bewegung | die Frau

420. Quelle est la traduction correcte pour "le résultat"?
die Handlung | der Anfänger | das Auge | das Ergebnis

421. Quelle est la traduction correcte pour "l'hôpital"?
der Frieden | die Kuh | das Krankenhaus | die Welle

422. Quelle est la traduction correcte pour "la ville"?
der Verstand | die Pizzen | der Hafen | die Stadt

423. Quelle est la traduction correcte pour "la mouche"?
die Fliege | der Motor | die Falte | die Halle

424. Quelle est la traduction correcte pour "le visiteur"?
die Peitsche | der Besucher | die Show | der Vorhang

425. Quelle est la traduction correcte pour "la réalité"?
der Schweif | die Werbung | der Kopf | die Realität

426. Quelle est la traduction correcte pour "le monde"?
der Arm | die Art | das Fahrrad | die Welt

427. Quelle est la traduction correcte pour "la poussière"?
der Staub | das Spiel | die Hände | die Kamera

428. Quelle est la traduction correcte pour "l'utilisateur"?
die Bombe | der Basketball | der Benutzer | das Gesicht

429. Quelle est la traduction correcte pour "le couteau"?
der Führer | das Messer | die Aussparung | die Pferde

430. Quelle est la traduction correcte pour "l'argent"?
das Messer | das Gelee | das Geld | die Freude

431. Quelle est la traduction correcte pour "le boeuf"?
das Notebook | die Aktion | der Schlüssel | das Fleisch

432. Quelle est la traduction correcte pour "le pistolet"?
die Waffe | die Kehle | das Schild | die Steuer

433. Quelle est la traduction correcte pour "la souris"?
die Maus | die Spinnen | die Geschichte | der Flughafen

434. Quelle est la traduction correcte pour "l'invité"?
die Hasen | der Gast | die Geburt | der Vorschlag

435. Quelle est la traduction correcte pour "l'étagère"?
die Ente | das Regal | das Fenster | die Kohle

436. Quelle est la traduction correcte pour "le terrain de jeu"?
der Bogen | der Monat | der Spielplatz | das Buch

437. Quelle est la traduction correcte pour "la voix"?
die Stimme | die Geschichte | das Vieh | der Kuchen

438. Quelle est la traduction correcte pour "le four"?
die Steuer | die Lippe | der Humor | der Ofen

439. Quelle est la traduction correcte pour "le sac"?
die Blase | der Reißverschluss | die Tasche | der Ozean

440. Quelle est la traduction correcte pour "le calendrier"?
das Feld | der Kalender | der Regensturm | die Regel

441. Quelle est la traduction correcte pour "la fille"?
das Mädchen | das Mädchen | das Match | die Haustiere

442. Quelle est la traduction correcte pour "l'appareil photo"?
der Frosch | die Kamera | das Verhalten | der Staub

443. Quelle est la traduction correcte pour "la fermeture éclair"?
der Reißverschluss | die Maske | die Schweine | das Beispiel

444. Quelle est la traduction correcte pour "l'auditoire"?
der Angriff | die Uhr | das Bügeleisen | die Zuschauer

445. Quelle est la traduction correcte pour "l'événement"?
die Insel | die Mutter | der Bruder | das Ereignis

446. Quelle est la traduction correcte pour "le gouvernement"?
der Urlaub | die Erinnerung | die Regierung | das Feuer

447. Quelle est la traduction correcte pour "le mariage"?
das Wachstum | der Sommer | Gebäude | die Ehe

448. Quelle est la traduction correcte pour "la propriété"?
der Reis | die Glühbirne | die Eigenschaft | die Suppe

449. Quelle est la traduction correcte pour "l'assurance"?
die Geburt | die Briefmarke | der Beitritt | die Versicherung

450. Quelle est la traduction correcte pour "l'échelle"?
die Leiter | das Krankenhaus | die Kante | der Mais

451. Quelle est la traduction correcte pour "la loi"?
die Kante | der Schauspieler | der Baum | das Gesetz

452. Quelle est la traduction correcte pour "la route"?
die jetzige | der Wagen | die Route | die Lastwagen

453. Quelle est la traduction correcte pour "l'hiver"?
der Haarschnitt | das Messing | der Winter | die Männer

454. Quelle est la traduction correcte pour "le poids"?
die Bremse | das Gewicht | das Boot | der Buntstift

455. Quelle est la traduction correcte pour "la fissure"?
der Stoß | die Wende | das Zelt | der Riss

456. Quelle est la traduction correcte pour "le spectacle"?
die Show | die Katzen | die Suppe | die Rolle

457. Quelle est la traduction correcte pour "la cigarette"?
die Zigarette | der Bär | das Beispiel | der Kreis

458. Quelle est la traduction correcte pour "le trottoir"?
die Hühner | die Küste | der Griff | der Bürgersteig

459. Quelle est la traduction correcte pour "la chaussure"?
die Seife | die Ringe | das Wort | der Schuh

460. Quelle est la traduction correcte pour "la bibliothèque"?
die Bibliothek | der Handel | der Geschmack | der Sklave

461. Quelle est la traduction correcte pour "le fantôme"?
das Geschäft | das Gespenst | der Leistungsträger | der
Gedanke

462. Quelle est la traduction correcte pour "l'arrière"?
die Kleidung | der Stahl | das Bauholz | der Rücken

463. Quelle est la traduction correcte pour "l'emplacement"?
das Schild | der Standort | das Eichhörnchen | der Spielplatz

464. Quelle est la traduction correcte pour "le président"?
der Preis | das Buch | der Präsident | das Salz

465. Quelle est la traduction correcte pour "l'équipement"?
die Wissenschaft | das Wachs | die Ausrüstung | der Kuss

466. Quelle est la traduction correcte pour "le roi"?
die Creme | die Erweiterung | die Unterwäsche | der König

467. Quelle est la traduction correcte pour "la science"?
der Regen | der Regenschirm | die Wissenschaft | die Zeit

468. Quelle est la traduction correcte pour "le vent"?
die Art | der Marmor | der Wind | der Frieden

469. Quelle est la traduction correcte pour "l'été"?
der Fluss | der Sommer | die Schule | der Vergleich

470. Quelle est la traduction correcte pour "la langue"?
der Anfang | die Zunge | das Mittagessen | der Faden

471. Quelle est la traduction correcte pour "le minuit"?
die Mitternacht | das Tief | der Respekt | das Fenster

472. Quelle est la traduction correcte pour "la sécurité"?
das Glas | der Tierpark | die Sicherheit | die Kuchen

473. Quelle est la traduction correcte pour "la droite"?
der Wasserkocher | der Keller | die Theorie | das Recht

474. Quelle est la traduction correcte pour "le drain"?
das Kleid | das Kinn | der Abfluss | die Wildnis

475. Quelle est la traduction correcte pour "la variété"?
die Wunde | der Vers | die Verschmutzung | die Vielfalt

476. Quelle est la traduction correcte pour "l'odeur"?
die Schaukel | der Duft | die Seite | die Autorität

477. Quelle est la traduction correcte pour "l'étage"?
die Aktivität | der Nebel | der Stecker | das Obergeschoss

478. Quelle est la traduction correcte pour "la cerise"?
die Hose | der Stecker | der Himmel | die Kirsche

479. Quelle est la traduction correcte pour "le pays"?
das Land | der Großvater | die Reibung | die Erfindung

480. Quelle est la traduction correcte pour "l'étudiant"?
der Sinn | der Partner | der Student | der Schritt

481. Quelle est la traduction correcte pour "le magazine"?
das Ende | die Kleidung | die Zeitschrift | der Kampf

482. Quelle est la traduction correcte pour "la balançoire"?
der Marienkäfer | die Schaukel | die Ameisen | der Urlaub

483. Quelle est la traduction correcte pour "l'éducation"?
die Tomaten | der Buchstabe | die Hobbys | die Bildung

484. Quelle est la traduction correcte pour "le son"?
der Sklave | die Königin | die Reibung | der Klang

485. Quelle est la traduction correcte pour "le feu"?
die Theorie | das Haus | das Feuer | das Abendessen

486. Quelle est la traduction correcte pour "l'armée"?
die Armee | der Biss | das Rohr | das Rad

487. Quelle est la traduction correcte pour "l'activité"?
der Bürgersteig | die Wut | die Wende | die Aktivität

488. Quelle est la traduction correcte pour "la conception"?
das Fahren | die Nation | die Mutter | das Design

489. Quelle est la traduction correcte pour "la ferme"?
der Rechner | das Boot | die Flüssigkeit | der Bauernhof

490. Quelle est la traduction correcte pour "la ville"?
die Stadt | die Mine | der Test | der Panzer

491. Quelle est la traduction correcte pour "le jus"?
der Eierlikör | die Arithmetik | die Interesse | der Saft

492. Quelle est la traduction correcte pour "le dinosaure"?
das Geschäft | der Dinosaurier | die Mädchen | das Popcorn

493. Quelle est la traduction correcte pour "l'information"?
die Information | die Stöcke | der Bahnhof | der Salat

494. Quelle est la traduction correcte pour "le tuyau d'arrosage"?
der Titel | das Nest | der Schlauch | die Tasche

495. Quelle est la traduction correcte pour "le sable"?
das Boot | das Holz | der Sand | der Schauspieler

496. Quelle est la traduction correcte pour "l'escargot"?
der Rauch | die Schnecke | der Sand | der Ziegelstein

497. Quelle est la traduction correcte pour "l'intérieur"?
das Postfach | die Arbeit | die Schule | das Innere

498. Quelle est la traduction correcte pour "la tradition"?
die Tradition | der Profit | das Knie | die Wolle

499. Quelle est la traduction correcte pour "la chanson"?
das Lied | die Frage | das Büro | der Akt

500. Quelle est la traduction correcte pour "le ticket de caisse"?
der Gepäckträger | die Herde | die Tante | die Rechnung

Chapitre 2

VERBES

501. Quelle est la traduction correcte pour "détester"?
sprechen | summen | jonglieren | hassen

502. Quelle est la traduction correcte pour "faire confiance"?
bereuen | lecken | vertrauen | häufen

503. Quelle est la traduction correcte pour "gérer"?
beurteilen | schrauben | verwalten | lang

504. Quelle est la traduction correcte pour "gémir"?
ächzen | blitzen | stolpern | erschrecken

505. Quelle est la traduction correcte pour "grandir"?
finden | sich bedanken | eilen | wachsen

506. Quelle est la traduction correcte pour "lutter"?
segeln | ringen | treten | polieren

507. Quelle est la traduction correcte pour "de surprendre"?
färben | nehmen | verbinden | überraschen

508. Quelle est la traduction correcte pour "irriter"?
versiegeln | irritieren | kochen | drücken

509. Quelle est la traduction correcte pour "fumer"?
rauchen | applaudieren | hoffen | staub

510. Quelle est la traduction correcte pour "attraper"?
vermissen | wickeln | öffnen | fassen

511. Quelle est la traduction correcte pour "tourner"?
drehen | strahlen | messen | gießen

512. Quelle est la traduction correcte pour "s'excuser"?
sich entschuldigen | regieren | sich trennen | kneifen

513. Quelle est la traduction correcte pour "rester"?
backen | üben | telefonieren | bleiben

514. Quelle est la traduction correcte pour "manger"?
sprudeln | sich paaren | essen | zerstreuen

515. Quelle est la traduction correcte pour "traiter"?
beleidigen | markieren | bemerken | behandeln

516. Quelle est la traduction correcte pour "chanter"?
krümmen | singen | vermuten | erschrecken

517. Quelle est la traduction correcte pour "expliquer"?
binden | buchen | erklären | vermasseln

518. Quelle est la traduction correcte pour "inclure"?
flüstern | einhaken | einschließen | fragen

519. Quelle est la traduction correcte pour "blesser"?
schaden | waschen | sich winden | ausrutschen

520. Quelle est la traduction correcte pour "boire"?
verzögern | planen | dienen | trinken

521. Quelle est la traduction correcte pour "répéter"?
wiederholen | seufzen | zittern | ausbilden

522. Quelle est la traduction correcte pour "tuer"?
töten | einschließen | transportieren | antworten

523. Quelle est la traduction correcte pour "squash"?
segnen | genehmigen | anstarren | zerquetschen

524. Quelle est la traduction correcte pour "juger"?
einfangen | jonglieren | beurteilen | konzentrieren

525. Quelle est la traduction correcte pour "bouger"?
bewegen | entfernen | lenken | blind machen

526. Quelle est la traduction correcte pour "mâcher"?
anstarren | kauen | versagen | hacken

527. Quelle est la traduction correcte pour "exploser"?
berechnen | explodieren | biegen | lachen

528. Quelle est la traduction correcte pour "assassiner"?
aufführen | morden | ermüden | wertschätzen

529. Quelle est la traduction correcte pour "déverouiller"?
summen | zustimmen | aufschließen | beeinflussen

530. Quelle est la traduction correcte pour "se permettre"?
belästigen | heiraten | ziehen | sich leisten

531. Quelle est la traduction correcte pour "goûter"?
schmecken | erweitern | produzieren | strecken

532. Quelle est la traduction correcte pour "partir à la retraite"?
entwickeln | in rente gehen | entfachen | einschließen

533. Quelle est la traduction correcte pour "pincer"?
erlauben | kneifen | behandeln | mischen

534. Quelle est la traduction correcte pour "se disputer"?
argumentieren | blicken | genießen | abschließen

535. Quelle est la traduction correcte pour "pointer"?
beeindrucken | darauf hinweisen | kleben | ausbalancieren

536. Quelle est la traduction correcte pour "regarder"?
teilen | auszurauben | schauen | begraben

537. Quelle est la traduction correcte pour "cligner des yeux"?
blinken | beschämen | ausleihen | beschämen

538. Quelle est la traduction correcte pour "encourager"?
filmen | informieren | unterhalten | ermutigen

539. Quelle est la traduction correcte pour "remarquer"?
feuern | bemerken | bestehen | sich bedanken

540. Quelle est la traduction correcte pour "exploser"?
bewegen | quetschen | knallen | unterhalten

541. Quelle est la traduction correcte pour "gâcher"?
sich kümmern | flattern | vermasseln | bekämpfen

542. Quelle est la traduction correcte pour "retirer"?
entfernen | nummerieren | versprechen | picken

543. Quelle est la traduction correcte pour "inviter"?
missbilligen | einladen | zwingen | tragen

544. Quelle est la traduction correcte pour "ouvrir"?
vorstellen | reiben | biegen | öffnen

545. Quelle est la traduction correcte pour "détruire"?
einfügen | zerstören | sich sorgen machen | betteln

546. Quelle est la traduction correcte pour "decider"?
quetschen | entscheiden | kopieren | gehorchen

547. Quelle est la traduction correcte pour "augmenter"?
fahren | helfen | erhöhen | präsentieren

548. Quelle est la traduction correcte pour "donner un coup de pied"?
rennen | ausziehen | erhalten | treten

549. Quelle est la traduction correcte pour "libérer"?
hoffen | loslassen | durchstechen | speichern

550. Quelle est la traduction correcte pour "porter"?
necken | rasieren | befriedigen | tragen

551. Quelle est la traduction correcte pour "poster"?
schlagen | posten | bekommen | anziehen

552. Quelle est la traduction correcte pour "examiner"?
vorausgehen | verblassen | prüfen | sich niederlassen

553. Quelle est la traduction correcte pour "approuver"?
genehmigen | schlagen | existieren | wackeln

554. Quelle est la traduction correcte pour "frotter"?
hängen | reiben | begeistern | benennen

555. Quelle est la traduction correcte pour "mentir"?
verwenden | bemerken | lügen | verzweigen

556. Quelle est la traduction correcte pour "dire au revoir"?

winken | trommeln | wiederholen | bekennen

557. Quelle est la traduction correcte pour "gâcher"?
verderben | durcheinander bringen | rennen | unterschreiben

558. Quelle est la traduction correcte pour "gifler"?
lust haben | beschreiben | besitzen | schlagen

559. Quelle est la traduction correcte pour "éviter"?
vermeiden | erhöhen | gehören | genießen

560. Quelle est la traduction correcte pour "arriver"?
abschließen | ankommen | anrufen | klingen

561. Quelle est la traduction correcte pour "sécher"?
hüpfen | gegenüberstehen | schnarchen | trocknen

562. Quelle est la traduction correcte pour "joindre"?
knien | beitreten | zerkleinern | necken

563. Quelle est la traduction correcte pour "faire des courses"?
zippen | bewundern | einkaufen | seufzen

564. Quelle est la traduction correcte pour "se vanter"?
zweifeln | ertrinken | drehen | prahlen

565. Quelle est la traduction correcte pour "désapprouver"?
betteln | rollen | missbilligen | verschwenden

566. Quelle est la traduction correcte pour "bouillir"?
klingen | kochen | stopfen | erlauben

567. Quelle est la traduction correcte pour "choquer"?
beherbergen | zerstreuen | erschrecken | ächzen

568. Quelle est la traduction correcte pour "tricher"?

rauchen | gehorchen | betrügen | verdienen

569. Quelle est la traduction correcte pour "pousser"?
lieben | drücken | wertschätzen | aufladen

570. Quelle est la traduction correcte pour "autoriser"?
aufnehmen | telefonieren | berühren | erlauben

571. Quelle est la traduction correcte pour "attacher"?
vergleichen | pumpen | stolpern | befestigen

572. Quelle est la traduction correcte pour "sourire"?
unterschreiben | grinsen | hämmern | nisten

573. Quelle est la traduction correcte pour "exister"?
passieren | bekennen | ermüden | existieren

574. Quelle est la traduction correcte pour "trouver"?
aussetzen | finden | fertigstellen | auspacken

575. Quelle est la traduction correcte pour "frapper"?
klopfen | tanzen | anstubsen | wiegen

576. Quelle est la traduction correcte pour "frapper"?
schlagen | verschwenden | beruhigen | bestrafen

577. Quelle est la traduction correcte pour "éparpiller"?
besuchen | zerstreuen | staub | beruhigen

578. Quelle est la traduction correcte pour "disparaître"?
verschwinden | sich paaren | entscheiden | retten

579. Quelle est la traduction correcte pour "dire"?
üben | spülen | sagen | raten

580. Quelle est la traduction correcte pour "effectuer"?

aufführen | erfolgreich sein | verfolgen | töten

581. Quelle est la traduction correcte pour "attirer"?
weitermachen | schauen | bewundern | anziehen

582. Quelle est la traduction correcte pour "danser"?
verbinden | beflecken | leeren | tanzen

583. Quelle est la traduction correcte pour "laver"?
nießen | tippen | fortpflanzen | waschen

584. Quelle est la traduction correcte pour "appartenir"?
joggen | blinken | gehören | explodieren

585. Quelle est la traduction correcte pour "arrêter, mettre en pause"?
ausbilden | pausieren | schreien | vereinigen

586. Quelle est la traduction correcte pour "embarrasser"?
kitzeln | sprühen | beschämen | entschuldigen

587. Quelle est la traduction correcte pour "lécher"?
lecken | erschrecken | schnappen | suchen

588. Quelle est la traduction correcte pour "rire"?
trainieren | aufnehmen | erfolgreich sein | lachen

589. Quelle est la traduction correcte pour "répondre"?
lizenzieren | antworten | erlauben | segeln

590. Quelle est la traduction correcte pour "commuter"?
ausrauben | wiegen | wechseln | zum zoomen

591. Quelle est la traduction correcte pour "gaspiller"?
zählen | wechseln | subtrahieren | verschwenden

592. Quelle est la traduction correcte pour "fondre"?
beabsichtigen | klatschen | knien | schmelzen

593. Quelle est la traduction correcte pour "fracasser"?
anziehen | warnen | streicheln | schimpfen

594. Quelle est la traduction correcte pour "verser"?
strömen | präsentieren | antworten | verdienen

595. Quelle est la traduction correcte pour "guider"?
verdienen | feuern | abtupfen | leiten

596. Quelle est la traduction correcte pour "améliorer"?
sich beschweren | verbessern | sammeln | stopfen

597. Quelle est la traduction correcte pour "terrifier"?
erschrecken | fragen | mögen | filmen

598. Quelle est la traduction correcte pour "sauver"?
bürsten | prüfen | retten | verlassen

599. Quelle est la traduction correcte pour "ne pas aimer"?
nicht mögen | erkennen | parken | pressen

600. Quelle est la traduction correcte pour "s'entraîner"?
üben | predigen | überraschen | nageln

601. Quelle est la traduction correcte pour "répondre"?
antworten | antworten | aussetzen | auflisten

602. Quelle est la traduction correcte pour "posséder"?
erhitzen | sprudeln | bombardieren | besitzen

603. Quelle est la traduction correcte pour "hurler"?
schreien | starten | durcheinander bringen | spülen

604. Quelle est la traduction correcte pour "se connecter"?
explodieren | reinigen | verbinden | lügen

605. Quelle est la traduction correcte pour "disparaitre"?
regnen | baden | verschwinden | schälen

606. Quelle est la traduction correcte pour "punir"?
bestrafen | schnarchen | aufhellen | erwarten

607. Quelle est la traduction correcte pour "gratter"?
bekämpfen | kratzen | ermutigen | reduzieren

608. Quelle est la traduction correcte pour "décrire"?
flattern | beschreiben | ausbalancieren | korrigieren

609. Quelle est la traduction correcte pour "faire ses valises"?
packen | grüßen | drücken | schleppen

610. Quelle est la traduction correcte pour "oser"?
springen | interessieren | sich trauen | reiben

611. Quelle est la traduction correcte pour "renifler"?
erlauben | ski laufen | schnüffeln | rauchen

612. Quelle est la traduction correcte pour "avancer d'un pas"?
beitreten | passen | schreiten | aufnehmen

613. Quelle est la traduction correcte pour "pour échapper à"?
strömen | loslassen | fliehen | gucken

614. Quelle est la traduction correcte pour "apprécier"?
genießen | erwarten | hinzufügen | weitermachen

615. Quelle est la traduction correcte pour "couvrir"?
halten | schlagen | grinsen | zudecken

616. Quelle est la traduction correcte pour "séparer"?
trennen | anstubsen | erkennen | ausleihen

617. Quelle est la traduction correcte pour "briller"?
jammen | glühen | lachen | summen

618. Quelle est la traduction correcte pour "se relaxer"?
entspannen | einspritzen | sich niederlassen | winseln

619. Quelle est la traduction correcte pour "piéger"?
einfangen | besitzen | umarmen | aufteilen

620. Quelle est la traduction correcte pour "nager"?
schwimmen | antworten | schleppen | kräuseln

621. Quelle est la traduction correcte pour "changer"?
vorschlagen | lagern | zwinkern | wechseln

622. Quelle est la traduction correcte pour "sourir"?
lächeln | schweben | antworten | versuchen

623. Quelle est la traduction correcte pour "remercier"?
mischen | blitzen | erweitern | sich bedanken

624. Quelle est la traduction correcte pour "s'exercer"?
üben | messen | erschrecken | vermissen

625. Quelle est la traduction correcte pour "planifier"?
verbrennen | erfreuen | planen | kritzeln

626. Quelle est la traduction correcte pour "chasser"?
trainieren | jagen | jubeln | fertigstellen

627. Quelle est la traduction correcte pour "imaginer"?
bemerken | explodieren | vorstellen | zerquetschen

628. Quelle est la traduction correcte pour "écouter"?
zuhören | übrig haben | erröten | backen

629. Quelle est la traduction correcte pour "à vider"?
pressen | abhaken | krümmen | leeren

630. Quelle est la traduction correcte pour "tousser"?
zum mann | wollen | husten | entscheiden

631. Quelle est la traduction correcte pour "chasser"?
jucken | jagen | schulden | testen

632. Quelle est la traduction correcte pour "organiser"?
arrangieren | springen | trennen | verfolgen

633. Quelle est la traduction correcte pour "mériter"?
hacken | erkennen | verdienen | austricksen

634. Quelle est la traduction correcte pour "augmenter"?
braten | küssen | erhöhen | trinkgeld geben

635. Quelle est la traduction correcte pour "aller chercher"?
holen | zur zeit | abtupfen | pumpen

636. Quelle est la traduction correcte pour "laisser tomber"?
öffnen | beobachten | herausfordern | fallen lassen

637. Quelle est la traduction correcte pour "se concentrer"?
sich sorgen machen | erweitern | konzentrieren | verhindern

638. Quelle est la traduction correcte pour "vérifier"?
kämmen | bleiben | überprüfen | vergleichen

639. Quelle est la traduction correcte pour "effrayer"?
erschrecken | hämmern | auspacken | beten

640. Quelle est la traduction correcte pour "exclure"?
versuchen | verbannen | brennen | anstellen

641. Quelle est la traduction correcte pour "aider"?
lernen | erreichen | helfen | bestellen

642. Quelle est la traduction correcte pour "pendre"?
pumpen | konzentrieren | hängen | faxen

643. Quelle est la traduction correcte pour "s'incliner"?
knallen | löschen | vermuten | biegen

644. Quelle est la traduction correcte pour "douter"?
vorbereiten | einrahmen | zweifeln | rollen

645. Quelle est la traduction correcte pour "se déshabiller"?
schulden | ausziehen | radfahren | zum röntgen

646. Quelle est la traduction correcte pour "soustraire"?
zum ausschneiden | auflisten | ruinieren | subtrahieren

647. Quelle est la traduction correcte pour "vaporiser"?
tippen | sich benehmen | ärger machen | sprühen

648. Quelle est la traduction correcte pour "à mendier"?
dienen | betteln | segnen | kitzeln

649. Quelle est la traduction correcte pour "visiter"?
sich entschuldigen | besuchen | füllen | kreuzen

650. Quelle est la traduction correcte pour "décorer"?
dekorieren | bearbeiten | polieren | summen

651. Quelle est la traduction correcte pour "applaudir"?
klatschen | subtrahieren | backen | segnen

652. Quelle est la traduction correcte pour "entrer"?
enthalten | betreten | vergleichen | waschen

653. Quelle est la traduction correcte pour "se précipiter"?
begrüßen | ausbilden | rennen | eilen

654. Quelle est la traduction correcte pour "réaliser"?
schauen | um festzustellen | in rente gehen | einpacken

655. Quelle est la traduction correcte pour "avertir"?
quietschen | warnen | beanspruchen | fragen

656. Quelle est la traduction correcte pour "enregistrer"?
erröten | hassen | aufnehmen | anziehen

657. Quelle est la traduction correcte pour "emprunter"?
ausleihen | zur stärkung der | verdienen | erlauben

658. Quelle est la traduction correcte pour "crier"?
sich freuen | schreien | prahlen | folgen

659. Quelle est la traduction correcte pour "recevoir"?
reflektieren | lügen | reinigen | bekommen

660. Quelle est la traduction correcte pour "vouloir"?
zum zoomen | wollen | verschwinden | lernen

661. Quelle est la traduction correcte pour "suspendre"?
knallen | binden | multiplizieren | aussetzen

662. Quelle est la traduction correcte pour "remplacer"?
verfolgen | ersetzen | leiten | produzieren

663. Quelle est la traduction correcte pour "courir"?
schmecken | üben | zugeben | laufen

664. Quelle est la traduction correcte pour "chatouiller"?
fortpflanzen | sich beeilen | radfahren | kitzeln

665. Quelle est la traduction correcte pour "déballer"?
auspacken | weinen | vermissen | lagern

666. Quelle est la traduction correcte pour "rêver"?
beeinflussen | erfinden | verrotten | träumen

667. Quelle est la traduction correcte pour "coller"?
häufen | passen | anrufen | kleben

668. Quelle est la traduction correcte pour "envelopper"?
einpacken | entschuldigen | necken | zucken

669. Quelle est la traduction correcte pour "taper"?
tippen | spülen | abhauen | vorstellen

670. Quelle est la traduction correcte pour "brosser"?
helfen | landen | bürsten | holen

671. Quelle est la traduction correcte pour "inventer"?
treten | schnarchen | erfinden | ärgern

672. Quelle est la traduction correcte pour "compter sur"?
sich verlassen auf | handeln | verdammen | knallen

673. Quelle est la traduction correcte pour "participer"?
sägen | gähnen | flüstern | teilnehmen

674. Quelle est la traduction correcte pour "sauter"?
töten | springen | kommunizieren | reimen

675. Quelle est la traduction correcte pour "promettre"?
lecken | segeln | versprechen | erinnern

676. Quelle est la traduction correcte pour "pour tromper"?
verlassen | herumalbern | färben | heilen

677. Quelle est la traduction correcte pour "presser"?
zerschlagen | trommeln | drücken | gegenüberstehen

678. Quelle est la traduction correcte pour "contenir"?
erinnern | enthalten | auswendig lernen | unterstützen

679. Quelle est la traduction correcte pour "remuer"?
wechseln | rühren | reparieren | zittern

680. Quelle est la traduction correcte pour "découvrir"?
anzufordern | entdecken | saugen | warnen

681. Quelle est la traduction correcte pour "forcer"?
tragen | bevorzugen | zwingen | verfallen

682. Quelle est la traduction correcte pour "ramper"?
wertschätzen | versorgen | wollen | kriechen

683. Quelle est la traduction correcte pour "cuire"?
beobachten | schlagen | sich entschuldigen | backen

684. Quelle est la traduction correcte pour "mélanger"?
managen | töten | mischen | verfolgen

685. Quelle est la traduction correcte pour "ruiner"?
zugeben | ruinieren | ringen | drücken

686. Quelle est la traduction correcte pour "suggérer"?
vorschlagen | unterstützen | knallen | wechseln

687. Quelle est la traduction correcte pour "acquiescer"?
gucken | entlassen | verletzen | nicken

688. Quelle est la traduction correcte pour "mesurer"?
messen | bleichen | leben | leiten

689. Quelle est la traduction correcte pour "à fredonner"?
erschrecken | sägen | betrügen | summen

690. Quelle est la traduction correcte pour "hausser les épaules"?
informieren | beschämen | zucken | jagen

691. Quelle est la traduction correcte pour "aimer"?
versorgen | tragen | auszurauben | mögen

692. Quelle est la traduction correcte pour "neiger"?
nicken | zum ausschneiden | beleidigen | schneien

693. Quelle est la traduction correcte pour "caliner"?
multiplizieren | umarmen | verschütten | verhaften

694. Quelle est la traduction correcte pour "confondre"?
straucheln | heilen | verwirren | zurückgeben

695. Quelle est la traduction correcte pour "réparer"?
erreichen | teilen | reparieren | versiegeln

696. Quelle est la traduction correcte pour "flotter"?
interessieren | drehen | schweben | buchstabieren

697. Quelle est la traduction correcte pour "ronfler"?
schlagen | abfließen | sich freuen | schnarchen

698. Quelle est la traduction correcte pour "fermer"?
lenken | schließen | trainieren | akzeptieren

699. Quelle est la traduction correcte pour "jouer"?
spielen | gießen | besitzen | sammeln

700. Quelle est la traduction correcte pour "se dépêcher"?
kauen | sich beeilen | beschützen | durchstechen

Chapitre 3

ADJECTIFS

701. Quelle est la traduction correcte pour "en bois"?
erbittert | hölzern | freundlich | ungleichmäßig

702. Quelle est la traduction correcte pour "rare"?
selten | neu | großartig | fraglich

703. Quelle est la traduction correcte pour "braver"?
mutig | kreischend | wenig | dämonisch

704. Quelle est la traduction correcte pour "juteux"?
saftig | kriegerisch | saftig | langweilig

705. Quelle est la traduction correcte pour "brillant"?
trotzig | glänzend | weiblich | zwei

706. Quelle est la traduction correcte pour "lâche"?
bereit | feige | abweichend | holperig

707. Quelle est la traduction correcte pour "nuageux"?
dämonisch | mit großen augen | wolkig | veränderbar

708. Quelle est la traduction correcte pour "bien"?
glücklich | einfach | automatisch | gut

709. Quelle est la traduction correcte pour "utilisé"?
gebraucht | erbärmlich | verfügbar | siegreich

710. Quelle est la traduction correcte pour "devant"?
voraus | nachdenklich | anständig | böse

711. Quelle est la traduction correcte pour "génial"?
eindrucksvoll | denkbar | sauer | albern

712. Quelle est la traduction correcte pour "large"?
skandalös | ohrenbetäubend | verblüfft | breit

713. Quelle est la traduction correcte pour "effrayant"?
effizient | knallig | gruselig | wohnung

714. Quelle est la traduction correcte pour "nostalgique"?
mit großen augen | wertvoll | smogig | nostalgisch

715. Quelle est la traduction correcte pour "dangereux"?
obszön | violett | gefährlich | verschwommen

716. Quelle est la traduction correcte pour "robuste"?
imaginär | böig | seicht | robust

717. Quelle est la traduction correcte pour "énergique"?
gutaussehend | energisch | hasserfüllt | stürmisch

718. Quelle est la traduction correcte pour "inutile"?
voraus | nutzlos | großhandel | gleichbedeutend

719. Quelle est la traduction correcte pour "surfait"?
fantastisch | müde | fähig | überbewertet

720. Quelle est la traduction correcte pour "poussiéreux"?
büßer | scharf | staubig | mächtig

721. Quelle est la traduction correcte pour "contraire"?
freundlich | rutschig | gegenteil | riesig

722. Quelle est la traduction correcte pour "laid"?
hässlich | unglückselig | verklemmt | lebhaft

723. Quelle est la traduction correcte pour "vivant"?
flüchtig | lebendig | übermütig | prächtig

724. Quelle est la traduction correcte pour "incompétent"?
gratis | inkompetent | drei | göttlich

725. Quelle est la traduction correcte pour "ivre"?
unnötig | matt | betrunken | hoch aufragend

726. Quelle est la traduction correcte pour "violent"?
chemisch | wolkig | gewalttätig | sauber

727. Quelle est la traduction correcte pour "fertile"?
ignorant | abenteuerlich | fruchtbar | aufmerksam

728. Quelle est la traduction correcte pour "spirituel"?
geschmackvoll | geheimnis | witzig | seltsam

729. Quelle est la traduction correcte pour "bruyant"?
neidisch | fragend | laut | zeitform

730. Quelle est la traduction correcte pour "rude"?
licht | gehorsam | harsch | stillschweigend

731. Quelle est la traduction correcte pour "vivant"?
sechs | energisch | lebhaft | axiomatisch

732. Quelle est la traduction correcte pour "marié"?
ungebraucht | verheiratet | wahrscheinlich | nutzlos

733. Quelle est la traduction correcte pour "étroit"?
eng | bullig | essbar | krächzend

734. Quelle est la traduction correcte pour "suivant"?
nächste | hübsch | abweichend | groß

735. Quelle est la traduction correcte pour "grincheux"?
mürrisch | vorherige | reifen | begeistert

736. Quelle est la traduction correcte pour "difficile"?
gewalttätig | aromatisch | schwierig | modern

737. Quelle est la traduction correcte pour "désordonné"?
pastoral | bedeutsam | erbärmlich | unordentlich

738. Quelle est la traduction correcte pour "chaud"?
schmucklos | hervorragend | grün | warm

739. Quelle est la traduction correcte pour "adorable"?
daffy | politisch | liebenswert | schick

740. Quelle est la traduction correcte pour "mature"?
grandios | überlaufen | flink | reifen

741. Quelle est la traduction correcte pour "mûr"?
reif | unbekannt | pastoral | schmutzig

742. Quelle est la traduction correcte pour "carré"?
hoch | quadrat | lustig | wertvoll

743. Quelle est la traduction correcte pour "nombreux"?
stimmlos | erfolgreich | zahlreich | heiser

744. Quelle est la traduction correcte pour "tôt"?
hinter | vorgetäuscht | gebraucht | früh

745. Quelle est la traduction correcte pour "sombre"?
dunkel | normal | angrenzend | käfig

746. Quelle est la traduction correcte pour "paresseux"?
liebend | frech | faul | intelligent

747. Quelle est la traduction correcte pour "quotidien"?
täglich | süss | geschmackvoll | geizig

748. Quelle est la traduction correcte pour "super"?
organisch | lecker | natürlich | großartig

749. Quelle est la traduction correcte pour "vague"?
vage | abscheulich | dreist | allgegenwärtig

750. Quelle est la traduction correcte pour "ordinaire"?
jubelnd | staubig | trocken | normal

751. Quelle est la traduction correcte pour "noir"?
gewinnbringend | schwarz | berauschend | torte

752. Quelle est la traduction correcte pour "sans-abri"?
ekelhaft | neun | funkelnd | obdachlos

753. Quelle est la traduction correcte pour "pourri"?
verfault | früh | quadrat | glatt

754. Quelle est la traduction correcte pour "maigre"?
verheiratet | schlank | importiert | futuristisch

755. Quelle est la traduction correcte pour "sale"?
schmutzig | hektisch | exotisch | eifrig

756. Quelle est la traduction correcte pour "drôle"?
übelkeit | lustig | verschwommen | wild

757. Quelle est la traduction correcte pour "en colère"?
wütend | rutschig | zwei | anschließend

758. Quelle est la traduction correcte pour "mince"?
exzellent | dünn | geschäftig | allgemein

759. Quelle est la traduction correcte pour "fou"?
säure | beschämt | gebildet | verrückt

760. Quelle est la traduction correcte pour "imprudent"?
paradiesisch | fehlgeschlagen | leichtsinnig | medizinisch

761. Quelle est la traduction correcte pour "stupide"?
geistesgestört | salzig | tot | dumm

762. Quelle est la traduction correcte pour "utile"?
heimelig | hilfreich | unnötig | ungeschrieben

763. Quelle est la traduction correcte pour "détaillé"?
lyrisch | lyrisch | detailliert | trübe

764. Quelle est la traduction correcte pour "frais"?
hochtrabend | frisch | bedürftige | hochtrabend

765. Quelle est la traduction correcte pour "électrique"?
wissend | starr | flüchtig | elektrisch

766. Quelle est la traduction correcte pour "magique"?
magisch | zahnig | imaginär | lockig

767. Quelle est la traduction correcte pour "d'abord"?
futuristisch | früh | erste | glatt

768. Quelle est la traduction correcte pour "impeccable"?
psychotisch | schwierig | exotisch | makellos

769. Quelle est la traduction correcte pour "automatique"?
ganzheitlich | automatisch | verurteilt | schicklich

770. Quelle est la traduction correcte pour "douloureux"?
wund | scharf | falsch | detailliert

771. Quelle est la traduction correcte pour "petit"?
vage | klein | mächtig | majestätisch

772. Quelle est la traduction correcte pour "sans valeur"?
elfin | bösartig | wertlos | bösartig

773. Quelle est la traduction correcte pour "célèbre"?
berühmt | zweifelhaft | heimtückisch | lewd

774. Quelle est la traduction correcte pour "rôti"?
hypnotisch | kräftig | geröstet | an bord

775. Quelle est la traduction correcte pour "jaune"?
schmutzig | widerspenstig | verfügbar | gelb

776. Quelle est la traduction correcte pour "content"?
präzise | anspruchsvoll | unmittelbar bevorsteht | glücklich

777. Quelle est la traduction correcte pour "apprivoiser"?
einzigartig | automatisch | billig | zähmen

778. Quelle est la traduction correcte pour "bon"?
zwecklos | hübsch | angeblich | gedankenlos

779. Quelle est la traduction correcte pour "minutieux"?
lose | zähmen | sicher | vorsichtig

780. Quelle est la traduction correcte pour "frisé"?
aufmerksam | hervorragend | lockig | kolossal

781. Quelle est la traduction correcte pour "humide"?
feuchte | unmöglich | knapp | gegenwärtig

782. Quelle est la traduction correcte pour "vieux"?
alt | fragend | groß | unschuldig

783. Quelle est la traduction correcte pour "pratique"?
praktisch | typisch | psychedelisch | benommen

784. Quelle est la traduction correcte pour "maigre"?
nervös | mager | fasziniert | neblig

785. Quelle est la traduction correcte pour "énorme"?
nützlich | furchtlos | riesig | hilflos

786. Quelle est la traduction correcte pour "bizarre"?
erstaunlich | verrückt | arm | bizarr

787. Quelle est la traduction correcte pour "amer"?
hoch aufragend | riesig | bitter | schlecht

788. Quelle est la traduction correcte pour "lâche"?
dürr | lose | gewaltig | gewalttätig

789. Quelle est la traduction correcte pour "cool"?
stillschweigend | cool | verrückt | bräunen

790. Quelle est la traduction correcte pour "acide"?
kultiviert | dankbar | dramatisch | sauer

791. Quelle est la traduction correcte pour "renflement"?
unhandlich | kreischend | wissenschaftlich | holperig

792. Quelle est la traduction correcte pour "familier"?
weit | vertraut | pummelig | bedeutsam

793. Quelle est la traduction correcte pour "fermer"?
unberaten | ermutigend | schließen | angeblich

794. Quelle est la traduction correcte pour "violet"?
wund | nervös | süchtig | lila

795. Quelle est la traduction correcte pour "moisi"?
wenig | käfig | schimmlig | verlassen

796. Quelle est la traduction correcte pour "précieux"?
wertvoll | feige | geschickt | hälfte

797. Quelle est la traduction correcte pour "large"?
breit | häufig | heiß | herrlich

798. Quelle est la traduction correcte pour "près"?
nahe | grausam | juckend | cool

799. Quelle est la traduction correcte pour "imparfait"?
am hässlichsten | unvollkommen | historisch | absurd

800. Quelle est la traduction correcte pour "serré"?
eng | schlau | schneidig | sedieren

801. Quelle est la traduction correcte pour "mignon"?
niedlich | stürmisch | herrlich | flagrant

802. Quelle est la traduction correcte pour "rouge"?
unvollkommen | vernünftig | blauäugig | rot

803. Quelle est la traduction correcte pour "duveteux"?
gestreift | nebulös | feuchte | flauschige

804. Quelle est la traduction correcte pour "BIO"?
reich | groovig | organisch | wütend

805. Quelle est la traduction correcte pour "beau"?
kontaktfreudig | gutaussehend | saftig | erinnert

806. Quelle est la traduction correcte pour "excentrique"?
knapp | schrullig | anregend | apathisch

807. Quelle est la traduction correcte pour "horrible"?
dankbar | picayune | entbehrlich | schrecklich

808. Quelle est la traduction correcte pour "d'occasion"?
steil | neu | getrennt | gebraucht

809. Quelle est la traduction correcte pour "pluvieux"?
fünf | schrullig | regnerisch | belastend

810. Quelle est la traduction correcte pour "chaud"?
heiß | schick | betrunken | schäbig

811. Quelle est la traduction correcte pour "géant"?
riese | tot | beschämt | klaffend

812. Quelle est la traduction correcte pour "peu profond"?
stereotyp | seicht | trashig | mutig

813. Quelle est la traduction correcte pour "merveilleux"?
gedämpft | eng | fabelhaft | kummervoll

814. Quelle est la traduction correcte pour "défectueux"?
defekt | fleißig | koordiniert | abnormal

815. Quelle est la traduction correcte pour "courbée"?
gefühllos | dürftig | groß | kurvig

816. Quelle est la traduction correcte pour "inconnu"?
teuflisch | unbekannt | liebling | funkelnd

817. Quelle est la traduction correcte pour "ensemble"?
smogig | elektrisch | kriegerisch | ganz

818. Quelle est la traduction correcte pour "faible"?
lebhaft | schwach | gerade | scharf

819. Quelle est la traduction correcte pour "homme"?
fest | schädlich | männlich | wie

820. Quelle est la traduction correcte pour "oublieux"?
makellos | hässlich | vergesslich | mühsam

821. Quelle est la traduction correcte pour "bien informé"?
reichlich | prächtig | möglich | kenntnisreich

822. Quelle est la traduction correcte pour "lourd"?
seidig | schwer | hypnotisch | ärgerlich

823. Quelle est la traduction correcte pour "fragile"?
schaumig | zerbrechlich | billig | interessant

824. Quelle est la traduction correcte pour "hilarant"?
urkomisch | klein | humorvoll | ewig

825. Quelle est la traduction correcte pour "deuxième"?
überflüssig | glücklich | urig | zweite

826. Quelle est la traduction correcte pour "étrange"?
seltsam | heiter | ohnmächtig werden | trauernd

827. Quelle est la traduction correcte pour "facile"?
einfach | klebstoff | weit verstreut | elfin

828. Quelle est la traduction correcte pour "fort"?
stark | weißglühend | weit verbreitet | angeekelt

829. Quelle est la traduction correcte pour "précaire"?
schwarz und weiß | real | wackelig | grob

830. Quelle est la traduction correcte pour "peu coûteux"?
materialistisch | preiswert | eintönig | gurren

831. Quelle est la traduction correcte pour "petit"?
schäbig | wenig | gepflegt | juckend

832. Quelle est la traduction correcte pour "animé"?
männlich | geschäftig | geschwollen | teuflisch

833. Quelle est la traduction correcte pour "difficile"?
romantisch | hart | blendend | rüpelhaft

834. Quelle est la traduction correcte pour "Royal"?
beschämt | königlich | dämonisch | banal

835. Quelle est la traduction correcte pour "tabou"?
verwirrt | gurren | tabu | parallel

836. Quelle est la traduction correcte pour "sage"?
weise | gebogen | schmucklos | gutaussehend

837. Quelle est la traduction correcte pour "doux"?
herrlich | seicht | schmerzen | süss

838. Quelle est la traduction correcte pour "venteux"?
windig | begabtes | schädlich | schwierig

839. Quelle est la traduction correcte pour "type"?
besorgt | witzig | privatgelände | art

840. Quelle est la traduction correcte pour "sophistiqué"?
defekt | anspruchsvoll | lila | eben

841. Quelle est la traduction correcte pour "brillant"?
leichtsinnig | hell | dürftig | leben

842. Quelle est la traduction correcte pour "satisfaisant"?
befriedigend | debonair | hell | abstoßend

843. Quelle est la traduction correcte pour "sauvage"?
niedlich | wild | fähig | rebell

844. Quelle est la traduction correcte pour "humide"?
lügnerisch | nass | rebell | gerade

845. Quelle est la traduction correcte pour "jeune"?
hinken | reichlich vorhanden | jung | mammut

846. Quelle est la traduction correcte pour "pointu"?
öffentlich | tief | guttural | scharf

847. Quelle est la traduction correcte pour "même"?
selbst | zurückhaltend | neblig | geheimnis

848. Quelle est la traduction correcte pour "doux"?
schwindlig | reichlich | sanft | weise

849. Quelle est la traduction correcte pour "orange"?
anders | mürrisch | geschmacklos | orange

850. Quelle est la traduction correcte pour "faux"?
wirksam | falsch | preiswert | fettig

851. Quelle est la traduction correcte pour "sûr"?
sicher | empfänglich | abnormal | witzig

852. Quelle est la traduction correcte pour "plat"?
rauh | hinter | wohnung | töricht

853. Quelle est la traduction correcte pour "affamé"?
wild | flüchtig | weinerlich | hungrig

854. Quelle est la traduction correcte pour "privé"?
billig | bloß | mit großen augen | privatgelände

855. Quelle est la traduction correcte pour "puissant"?
anhaltend | quacksalber | anders | mächtig

856. Quelle est la traduction correcte pour "enthousiaste"?
geheimnisvoll | majestätisch | zobel | enthusiastisch

857. Quelle est la traduction correcte pour "courbé"?
zischend | verrückt | frech | gebogen

858. Quelle est la traduction correcte pour "excellent"?
unkonventionell | grandios | kindlich | exzellent

859. Quelle est la traduction correcte pour "intelligent"?
ungebührlich | rekonditionieren | intelligent | paradiesisch

860. Quelle est la traduction correcte pour "blanc"?
bloß | gereizt | talentiert | weiss

861. Quelle est la traduction correcte pour "amical"?
preiswert | freundlich | überladen | zweite

862. Quelle est la traduction correcte pour "alcoolique"?
mutig | glatt | besorgt | alkoholiker

863. Quelle est la traduction correcte pour "grand"?
null | groß | parallel | zukunft

864. Quelle est la traduction correcte pour "moitié"?
stachelig | glamourös | robust | hälfte

865. Quelle est la traduction correcte pour "suprême"?
glatt | höchste | schrillen | bösewicht

866. Quelle est la traduction correcte pour "régulier"?
überschwänglich | regulär | stachelig | rachsüchtig

867. Quelle est la traduction correcte pour "utile"?
herrlich | grausam | glücklich | nützlich

868. Quelle est la traduction correcte pour "réel"?
bewacht | höchste | gearbeitet | real

869. Quelle est la traduction correcte pour "moyenne"?
lila | tollwütig | langsam | durchschnitt

870. Quelle est la traduction correcte pour "comestible"?
essbar | wogend | beklagenswert | klein

871. Quelle est la traduction correcte pour "femme"?
extra klein | weiblich | zahnig | organisch

872. Quelle est la traduction correcte pour "mélangé"?
detailliert | banal | durcheinander | klar

873. Quelle est la traduction correcte pour "riche"?
abscheulich | daffy | reich | humorvoll

874. Quelle est la traduction correcte pour "pathétique"?
hängend | blumig | erbärmlich | ohrenbetäubend

875. Quelle est la traduction correcte pour "agréable"?
grau | bleibend | abweichend | angenehm

876. Quelle est la traduction correcte pour "vert"?
art | entbehrlich | weltfremd | grün

877. Quelle est la traduction correcte pour "salé"?
salzig | mürrisch | fantastisch | gutherzig

878. Quelle est la traduction correcte pour "meilleur"?
pikant | fest | ermutigend | am besten

879. Quelle est la traduction correcte pour "soigné"?
sauber | gleichbedeutend | teuer | ohnmächtig werden

880. Quelle est la traduction correcte pour "différent"?
weiblich | lustlos | anders | bestimmt

881. Quelle est la traduction correcte pour "moderne"?
modern | reichlich vorhanden | sauer | lebendig

882. Quelle est la traduction correcte pour "innocent"?
jung | paradiesisch | unschuldig | kalt

883. Quelle est la traduction correcte pour "mortel"?
schnurrt | tödlich | wirksam | feige

884. Quelle est la traduction correcte pour "spirituel"?
alten | wohlhabend | spirituell | winzig

885. Quelle est la traduction correcte pour "gonflable"?
federnd | blendend | schick | rassisch

886. Quelle est la traduction correcte pour "riche"?
standhaft | modern | extra groß | reich

887. Quelle est la traduction correcte pour "banal"?
in flammen | banal | vertraut | überbewertet

888. Quelle est la traduction correcte pour "sinistre"?
wenig | vergänglich | gespenstisch | abstecken

889. Quelle est la traduction correcte pour "fragile"?
wütend | glücklich | leer | dünn

890. Quelle est la traduction correcte pour "parfait"?
geschickt | perfekt | schick | rustikal

891. Quelle est la traduction correcte pour "sale"?
schmutzig | nussig | steif | toll

892. Quelle est la traduction correcte pour "abrupte"?
leer | steil | hälfte | berechnen

893. Quelle est la traduction correcte pour "court"?
kurz | windel | eben | obdachlos

894. Quelle est la traduction correcte pour "froid"?
rot | geheimnisvoll | kalt | unhöflich

895. Quelle est la traduction correcte pour "joli"?
hübsch | böse | verlassen | anspruchsvoll

896. Quelle est la traduction correcte pour "sec"?
mammut | flagrant | lächelnd | trocken

897. Quelle est la traduction correcte pour "jeune"?
genau genommen | jugendlich | abwesend | schwindlig

898. Quelle est la traduction correcte pour "glacé"?
empfindlich | eisig | zynisch | durcheinander

899. Quelle est la traduction correcte pour "effrayant"?
intelligent | gamy | unheimlich | hängend

900. Quelle est la traduction correcte pour "disponible"?
raffiniert | ungebührlich | tief | verfügbar

901. Quelle est la traduction correcte pour "brun"?
barbarisch | klebstoff | braun | schwül

902. Quelle est la traduction correcte pour "calme"?
ruhig | elegant | wissend | robust

903. Quelle est la traduction correcte pour "ambiguë"?
unerheblich | erpicht | zweideutig | frisch

904. Quelle est la traduction correcte pour "réussi"?
neugierig | schwer | bizarr | erfolgreich

905. Quelle est la traduction correcte pour "aventureux"?
perfekt | abenteuerlich | wohnung | grausam

906. Quelle est la traduction correcte pour "droit"?
gut gemacht | ausgedörrt | gerade | verwirrt

907. Quelle est la traduction correcte pour "nonchalant"?
lecker | grenzenlos | plötzlich | gelassen

908. Quelle est la traduction correcte pour "aigre"?
sauer | sauber | feige | neugierig

909. Quelle est la traduction correcte pour "fatigué"?
müde | toll | stark | aufrecht

910. Quelle est la traduction correcte pour "rangé"?
verlockend | aufgeräumt | breit | importiert

911. Quelle est la traduction correcte pour "en larmes"?
schmerzlich | weinerlich | kooperative | nebulös

912. Quelle est la traduction correcte pour "chanceux"?
staubig | glücklich | albern | stumm

913. Quelle est la traduction correcte pour "en bonne santé"?
obdachlos | gesund | ärgerlich | zahlreich

914. Quelle est la traduction correcte pour "rond"?
trist | phobisch | runden | hypnotisch

915. Quelle est la traduction correcte pour "graisse"?
gescheit | fett | fleißig | hervorragend

916. Quelle est la traduction correcte pour "plaine"?
schmucklos | grün | enthusiastisch | schwierig

917. Quelle est la traduction correcte pour "spécial"?
speziell | zierlich | gemeinsam | unverantwortlich

918. Quelle est la traduction correcte pour "bienveillant"?
durstig | töricht | gutherzig | unerreicht

919. Quelle est la traduction correcte pour "rapide"?
amüsiert | empfindlich | schnell | effizient

920. Quelle est la traduction correcte pour "doux"?
trocken | effizient | weich | wenig

921. Quelle est la traduction correcte pour "ennuyeux"?
lebhaft | langweilig | übergewichtig | frech

922. Quelle est la traduction correcte pour "cassé"?
gebrochen | gerecht | krumm | berauschend

923. Quelle est la traduction correcte pour "magnifique"?
herrlich | fähig | kurvig | fragend

924. Quelle est la traduction correcte pour "désordonné"?
gemeinsam | chaotisch | leichtfertig | panorama-

925. Quelle est la traduction correcte pour "médical"?
charmant | hoch | medizinisch | seidig

926. Quelle est la traduction correcte pour "minuscule"?
winzig | nachbarschaftlich | jung | arm

927. Quelle est la traduction correcte pour "fantaisie"?
donnernd | zart | ernst | schick

928. Quelle est la traduction correcte pour "silencieux"?
plastik | widerspenstig | ironisch | still

929. Quelle est la traduction correcte pour "rugueux"?
falsch | lustig | trotzig | rauh

930. Quelle est la traduction correcte pour "vide"?
leer | vorgetäuscht | wertvoll | aggressiv

931. Quelle est la traduction correcte pour "romantique"?
romantisch | krächzend | wissenschaftlich | nostalgisch

932. Quelle est la traduction correcte pour "bleu"?
verlassen | blau | elegant | voraus

933. Quelle est la traduction correcte pour "savoureux"?
erröten | langweilig | lecker | gebraucht

934. Quelle est la traduction correcte pour "grand"?
geheiligt | falsch | süss | groß

935. Quelle est la traduction correcte pour "occupé"?
geräuschlos | grausam | erheblich | beschäftigt

936. Quelle est la traduction correcte pour "poli"?
schick | höflich | grotesk | ungesund

937. Quelle est la traduction correcte pour "intelligent"?
komfortabel | schmollend | clever | launisch

938. Quelle est la traduction correcte pour "rigide"?
langsam | leben | bitter | steif

939. Quelle est la traduction correcte pour "de la taille d'une
bouchée"?
vulgär | mundgerecht | gesichtet | wogend

940. Quelle est la traduction correcte pour "impair"?
picayune | seltsam | enorm | spirituell

941. Quelle est la traduction correcte pour "beau"?
distanziert | frech | abstrahiert | schön

942. Quelle est la traduction correcte pour "rose"?
stattlich | irritierend | rosa | erpicht

943. Quelle est la traduction correcte pour "profond"?
blass | unkonventionell | fähig | tief

944. Quelle est la traduction correcte pour "loin"?
gelernt | offen | optimal | weit

945. Quelle est la traduction correcte pour "féroce"?
sparsam | erbittert | dysfunktional | ungewöhnlich

946. Quelle est la traduction correcte pour "rapide"?
majestätisch | schnell | standesgemäß | plausibel

947. Quelle est la traduction correcte pour "épicé"?
scharf | ungepflegt | niedlich | offen

948. Quelle est la traduction correcte pour "horrible"?

grausam | gereizt | inkompetent | krank

949. Quelle est la traduction correcte pour "complet"?
geistlos | schwarz und weiß | voll | nervös

950. Quelle est la traduction correcte pour "difficile"?
ausgezeichnet | rauh | schwierig | unterwürfig

951. Quelle est la traduction correcte pour "vilain"?
irritierend | unerreicht | frech | hinter

952. Quelle est la traduction correcte pour "nouveau"?
neu | prämie | langweilig | wackelig

953. Quelle est la traduction correcte pour "grossier"?
seltsam | unhöflich | leer | regnerisch

Chapitre 4

PRÉPOSITIONS

954. Quelle est la traduction correcte pour "moins"?
aus | unter | für | minus

955. Quelle est la traduction correcte pour "sur"?
runter | unter | hinter | an

956. Quelle est la traduction correcte pour "jusqu'à"?
bis | minus | innen | neben

957. Quelle est la traduction correcte pour "sur"?
über | gegenteil | mit | bis

958. Quelle est la traduction correcte pour "parmi"?
unter | unter | aus | als

959. Quelle est la traduction correcte pour "que"?
als | nahe | plus | gegen

960. Quelle est la traduction correcte pour "passé"?
als | vergangenheit | seit | aus

961. Quelle est la traduction correcte pour "depuis"?
aus | ausschließlich | an | trotz

962. Quelle est la traduction correcte pour "à l'exclusion"?
ausschließlich | nach | außerhalb | nicht wie

963. Quelle est la traduction correcte pour "pour"?
folgende | nahe | für | gegen

964. Quelle est la traduction correcte pour "avec"?
ohne | hoch | mit | innerhalb

965. Quelle est la traduction correcte pour "contraire"?
gegenteil | auf | seit | über

966. Quelle est la traduction correcte pour "autour"?
innen | minus | gegen | um

967. Quelle est la traduction correcte pour "près"?
nahe | unter | durch | unterhalb

968. Quelle est la traduction correcte pour "sans"?
außerhalb | nach | vergangenheit | ohne

969. Quelle est la traduction correcte pour "sur"?
neben | auf | vor | innen

970. Quelle est la traduction correcte pour "sauf"?
über | auf zu | außer | außen

971. Quelle est la traduction correcte pour "sous"?
mit | gegenteil | unterhalb | bis

972. Quelle est la traduction correcte pour "après"?
vergangenheit | an | nach | nicht wie

973. Quelle est la traduction correcte pour "contre"?
gegen | hoch | unter | innerhalb

974. Quelle est la traduction correcte pour "au-delà"?
für | unter | außerhalb | als

975. Quelle est la traduction correcte pour "sous"?
seit | auf | unter | über

976. Quelle est la traduction correcte pour "contrairement à"?
mit | gegenteil | zwischen | nicht wie

977. Quelle est la traduction correcte pour "sous"?
plus | nahe | folgende | unter

978. Quelle est la traduction correcte pour "à l'intérieur"?
außer | ausschließlich | innen | trotz

979. Quelle est la traduction correcte pour "entre"?
unter | hoch | ohne | zwischen

980. Quelle est la traduction correcte pour "plus"?
außen | plus | um | um

981. Quelle est la traduction correcte pour "avant"?
vor | aus | über | entlang

982. Quelle est la traduction correcte pour "malgré"?
über | trotz | zwischen | runter

983. Quelle est la traduction correcte pour "au-dessus de"?
in richtung | über | für | entlang

984. Quelle est la traduction correcte pour "dehors"?
nicht wie | außen | in richtung | außerhalb

985. Quelle est la traduction correcte pour "à travers"?
hinter | unter | über | über

986. Quelle est la traduction correcte pour "à propos"?
innerhalb | um | gegen | unter

987. Quelle est la traduction correcte pour "dessous"?
an | ausschließlich | außer | unter

988. Quelle est la traduction correcte pour "depuis"?
gegen | minus | seit | neben

989. Quelle est la traduction correcte pour "le long de"?
um | entlang | außer | unterhalb

990. Quelle est la traduction correcte pour "via"?
um | auf zu | über | über

991. Quelle est la traduction correcte pour "désactivé"?
über | aus | in richtung | aus

992. Quelle est la traduction correcte pour "contre"?
zwischen | gegen | folgende | bis

993. Quelle est la traduction correcte pour "bas"?
seit | auf | vor | runter

994. Quelle est la traduction correcte pour "suivant"?
folgende | auf zu | um | außen

995. Quelle est la traduction correcte pour "dans"?
vor | innerhalb | ohne | über

996. Quelle est la traduction correcte pour "à travers"?
gegen | durch | hinter | plus

997. Quelle est la traduction correcte pour "derrière"?
durch | unter | hinter | unterhalb

998. Quelle est la traduction correcte pour "sur"?
trotz | auf zu | über | an

999. Quelle est la traduction correcte pour "en haut"?
hoch | unter | runter | über

1000. Quelle est la traduction correcte pour "à côté de"?
durch | unter | um | neben

1001. Quelle est la traduction correcte pour "vers"?
über | aus | in richtung | entlang

Chapitre 5

RÉPONSES

1. die Ameise | 2. die Bevölkerung
3. die Küste | 4. die Geschichte
5. das Salz | 6. der Monat
7. die Mauer | 8. der Löffel
9. das Instrument | 10. das Schild
11. das Haus | 12. das Teil
13. der Trick | 14. das Fenster
15. die Insel | 16. die Kategorie
17. die Verbindung | 18. die Note
19. die Medizin | 20. der Geschmack
21. die Familie | 22. der Berg
23. die Nummer | 24. die Gitarre
25. der Ozean | 26. der Zug
27. das Kabel | 28. das Flugzeug
29. das Gemüse | 30. der Regen
31. der Punkt | 32. das Essen
33. die Grundlage | 34. die Krähe
35. der Freund | 36. die Universität
37. die Frage | 38. der Winkel
39. der Buchstabe | 40. die Fee
41. die Tiefe | 42. die Kunst
43. die Schuld | 44. der Baum
45. der Alarm | 46. die Flasche

47. das Virus | 48. der Lastwagen
49. die Kartoffel | 50. der Reis
51. der Buntstift | 52. die Grenze
53. das Tor | 54. die Tastatur
55. die Taste | 56. der Raum
57. die Orange | 58. der Kampf
59. der Sohn | 60. Atmosphäre
61. das Können | 62. das Haustier
63. die Soda | 64. das Quadrat
65. die Heilung | 66. das Gefäss
67. das Gemälde | 68. die Wahrheit
69. die Vorstellung | 70. die Polizei
71. die Straße | 72. die Daten
73. das Loch | 74. das Sofa
75. die Medien | 76. der Haken
77. das Meer | 78. der Besitzer
79. die Beziehung | 80. die Hand
81. die Abteilung | 82. die Butter
83. das Bild | 84. der Leiter
85. das Holz | 86. die linke
87. die Linie | 88. die Erde
89. der Geruch | 90. die Größe
91. die Straße | 92. der Hügel
93. die Uhr | 94. die Bezahlung
95. die Lautstärke | 96. der Vorhang
97. die Beerdigung | 98. das Handgelenk
99. der Fahrer | 100. der Flügel
101. der Mond | 102. der Donner
103. das Video | 104. der Freund
105. der Mund | 106. der Kuss
107. der Boden | 108. das Unglück
109. das Beispiel | 110. die Branche
111. das Gift | 112. das Zelt
113. die Woche | 114. der Kunde
115. das Dreieck | 116. das Jahr
117. die Währung | 118. der Nebel

119. der Käse | 120. die Tür
121. der Bruder | 122. die Schlange
123. der Lehrer | 124. das Pulver
125. der Krieg | 126. der Schriftsteller
127. der Fremde | 128. der Moment
129. das Hobby | 130. das Argument
131. das Problem | 132. die Anwendung
133. die Karte | 134. der Kontext
135. der Ellbogen | 136. der Vulkan
137. der Topf | 138. die Gruppe
139. das Wetter | 140. das Bad
141. der Pfannkuchen | 142. der Honig
143. die Verschmutzung | 144. der Zimmermann
145. die Katze | 146. die Chemie
147. der Kohl | 148. die Ente
149. das Erdbeben | 150. der Geburtstag
151. der Strohhalm | 152. Gebäude
153. die Macht | 154. der Wunsch
155. das Glas | 156. der Gewinner
157. der Magen | 158. das Bett
159. der Hals | 160. der Bahnhof
161. der Erfolg | 162. die Gabel
163. das Kinn | 164. der Rechner
165. das Wissen | 166. der Film
167. die Tasche | 168. der Geschmack
169. der Sinn | 170. der Hafen
171. das Rezept | 172. die Definition
173. die Person | 174. der See
175. die Sicherheit | 176. die Tante
177. die Bedeutung | 178. die Position
179. der Hund | 180. die Möbel
181. der Mantel | 182. der Boden
183. der Preis | 184. der Artikel
185. das Produkt | 186. das Fernsehen
187. die Erfindung | 188. der Stern
189. die Königin | 190. das Postfach

191. das Lächeln | 192. die Spitze
193. die Außenseite | 194. der Diamant
195. das Abzeichen | 196. das Metall
197. die Pflanze | 198. das Rad
199. das Treffen | 200. die Nadel
201. die Kiste | 202. die Kirche
203. die Tatsache | 204. der Unfall
205. die Sprache | 206. die Kindheit
207. das Eichhörnchen | 208. die Creme
209. der Sack | 210. die Idee
211. das Ei | 212. der Eintritt
213. der Schnee | 214. das Unternehmen
215. die Beschreibung | 216. die Schule
217. die Maschine | 218. die Performance
219. das Handy | 220. das Zuhause
221. der Profit | 222. das System
223. die Gesundheit | 224. der Grund
225. die Unterhaltung | 226. das Gebiet
227. der Stift | 228. die Verantwortung
229. der Kuchen | 230. die Distanz
231. der Weg | 232. das Hotel
233. das Spielzeug | 234. die Bombe
235. die Methode | 236. das Kind
237. der Flug | 238. die Attraktion
239. die Magie | 240. die Zeitung
241. die Autobahn | 242. das Gesicht
243. der Humor | 244. das Blut
245. der Arbeitnehmer | 246. der Prozentanteil
247. der Rucksack | 248. das Buch
249. das Kleid | 250. das Baby
251. die Natur | 252. die Tochter
253. die Seite | 254. der Schal
255. die Kreatur | 256. die Summe
257. die Höhle | 258. der Unterschied
259. der Zeh | 260. die Blume
261. der Samen | 262. die Investition

263. der Motor | 264. der Schweif

265. der Knochen | 266. der Fehlschlag

267. das Eis | 268. das Juwel

269. der Himmel | 270. der Spieler

271. die Schattierung | 272. das Öl

273. das Apartment | 274. der Aufwand

275. der Hut | 276. das Fleisch

277. das Gras | 278. die Seite

279. die Software | 280. der Haarschnitt

281. die Energie | 282. die Menschen

283. das Bein | 284. das Ende

285. der Hammer | 286. die Temperatur

287. das Menü | 288. das Viertel

289. die Suppe | 290. die Höhe

291. die Meinung | 292. die Klingel

293. die Sonne | 294. die Flüssigkeit

295. die Qualität | 296. die Kombination

297. das Tier | 298. das Gedicht

299. die Schere | 300. die Ratte

301. das Konto | 302. das Schlafzimmer

303. der Tisch | 304. der Riese

305. die Sache | 306. der Passagier

307. der Wettbewerb | 308. die Unterwäsche

309. die Hausaufgabe | 310. die Weste

311. das Abendessen | 312. die Nacht

313. die Mitte | 314. der Handschuh

315. die Reichweite | 316. die Stimmung

317. die Musik | 318. das Auge

319. die Farbe | 320. der Geschäftsführer

321. die Technologie | 322. der Fisch

323. die Spinne | 324. der Kanal

325. das Wort | 326. der Vertrag

327. die Klasse | 328. das Dach

329. der Kühlschrank | 330. das Büro

331. die Freundin | 332. die Politiker

333. der Schlüssel | 334. die Steuer

335. der Faden | 336. die Blase
337. der Tierpark | 338. der Nachmittag
339. das Limit | 340. der Pullover
341. die Krankheit | 342. die Prüfung
343. die Religion | 344. das Angebot
345. das Haar | 346. das Obst
347. das Verbrechen | 348. die Pumpe
349. die Textur | 350. der Fluss
351. die Zahnbürste | 352. der Snack
353. das Anwesen | 354. die Flagge
355. die Nuss | 356. das Geschäft
357. der Dreck | 358. die Umgebung
359. die Aussage | 360. die Kuh
361. die Seife | 362. der Regenschirm
363. die Vereinbarung | 364. die Front
365. der Norden | 366. das Team
367. der Teller | 368. der Kragen
369. die Brücke | 370. der Planet
371. das Gefängnis | 372. die Kleidung
373. die Tasse | 374. der Vogel
375. die Lösung | 376. die Entscheidung
377. die Strategie | 378. die Hitze
379. der Wert | 380. die Briefmarke
381. die Situation | 382. die Gemeinde
383. der Flughafen | 384. die Stunde
385. der Ring | 386. die Geschichte
387. das Dessert | 388. die Nachricht
389. der Ort | 390. der Computer
391. das Foto | 392. das Boot
393. die Zahnpasta | 394. das Ticket
395. das Schachspiel | 396. die Traube
397. der Aufzug | 398. der Reichtum
399. der Schreibtisch | 400. das Pferd
401. der Ehemann | 402. das Land
403. das Huhn | 404. der Anfang
405. die Schublade | 406. die Milch

407. der Stein | 408. die Chance
409. die Menge | 410. das Herz
411. der Onkel | 412. der Kreis
413. der Keller | 414. das Thema
415. das Geschenk | 416. die Priorität
417. die Richtung | 418. der Pfiff
419. die Frau | 420. das Ergebnis
421. das Krankenhaus | 422. die Stadt
423. die Fliege | 424. der Besucher
425. die Realität | 426. die Welt
427. der Staub | 428. der Benutzer
429. das Messer | 430. das Geld
431. das Fleisch | 432. die Waffe
433. die Maus | 434. der Gast
435. das Regal | 436. der Spielplatz
437. die Stimme | 438. der Ofen
439. die Tasche | 440. der Kalender
441. das Mädchen | 442. die Kamera
443. der Reißverschluss | 444. die Zuschauer
445. das Ereignis | 446. die Regierung
447. die Ehe | 448. die Eigenschaft
449. die Versicherung | 450. die Leiter
451. das Gesetz | 452. die Route
453. der Winter | 454. das Gewicht
455. der Riss | 456. die Show
457. die Zigarette | 458. der Bürgersteig
459. der Schuh | 460. die Bibliothek
461. das Gespenst | 462. der Rücken
463. der Standort | 464. der Präsident
465. die Ausrüstung | 466. der König
467. die Wissenschaft | 468. der Wind
469. der Sommer | 470. die Zunge
471. die Mitternacht | 472. die Sicherheit
473. das Recht | 474. der Abfluss
475. die Vielfalt | 476. der Duft
477. das Obergeschoss | 478. die Kirsche

479. das Land | 480. der Student
481. die Zeitschrift | 482. die Schaukel
483. die Bildung | 484. der Klang
485. das Feuer | 486. die Armee
487. die Aktivität | 488. das Design
489. der Bauernhof | 490. die Stadt
491. der Saft | 492. der Dinosaurier
493. die Information | 494. der Schlauch
495. der Sand | 496. die Schnecke
497. das Innere | 498. die Tradition
499. das Lied | 500. die Rechnung
501. hassen | 502. vertrauen
503. verwalten | 504. ächzen
505. wachsen | 506. ringen
507. überraschen | 508. irritieren
509. rauchen | 510. fassen
511. drehen | 512. sich entschuldigen
513. bleiben | 514. essen
515. behandeln | 516. singen
517. erklären | 518. einschließen
519. schaden | 520. trinken
521. wiederholen | 522. töten
523. zerquetschen | 524. beurteilen
525. bewegen | 526. kauen
527. explodieren | 528. morden
529. aufschließen | 530. sich leisten
531. schmecken | 532. in rente gehen
533. kneifen | 534. argumentieren
535. darauf hinweisen | 536. schauen
537. blinken | 538. ermutigen
539. bemerken | 540. knallen
541. vermasseln | 542. entfernen
543. einladen | 544. öffnen
545. zerstören | 546. entscheiden
547. erhöhen | 548. treten
549. loslassen | 550. tragen

551. posten | 552. prüfen
553. genehmigen | 554. reiben
555. lügen | 556. winken
557. verderben | 558. schlagen
559. vermeiden | 560. ankommen
561. trocknen | 562. beitreten
563. einkaufen | 564. prahlen
565. missbilligen | 566. kochen
567. erschrecken | 568. betrügen
569. drücken | 570. erlauben
571. befestigen | 572. grinsen
573. existieren | 574. finden
575. klopfen | 576. schlagen
577. zerstreuen | 578. verschwinden
579. sagen | 580. aufführen
581. anziehen | 582. tanzen
583. waschen | 584. gehören
585. pausieren | 586. beschämen
587. lecken | 588. lachen
589. antworten | 590. wechseln
591. verschwenden | 592. schmelzen
593. streicheln | 594. strömen
595. leiten | 596. verbessern
597. erschrecken | 598. retten
599. nicht mögen | 600. üben
601. antworten | 602. besitzen
603. schreien | 604. verbinden
605. verschwinden | 606. bestrafen
607. kratzen | 608. beschreiben
609. packen | 610. sich trauen
611. schnüffeln | 612. schreiten
613. fliehen | 614. genießen
615. zudecken | 616. trennen
617. glühen | 618. entspannen
619. einfangen | 620. schwimmen
621. wechseln | 622. lächeln

623. sich bedanken | 624. üben
625. planen | 626. jagen
627. vorstellen | 628. zuhören
629. leeren | 630. husten
631. jagen | 632. arrangieren
633. verdienen | 634. erhöhen
635. holen | 636. fallen lassen
637. konzentrieren | 638. überprüfen
639. erschrecken | 640. verbannen
641. helfen | 642. hängen
643. biegen | 644. zweifeln
645. ausziehen | 646. subtrahieren
647. sprühen | 648. betteln
649. besuchen | 650. dekorieren
651. klatschen | 652. betreten
653. eilen | 654. um festzustellen
655. warnen | 656. aufnehmen
657. ausleihen | 658. schreien
659. bekommen | 660. wollen
661. aussetzen | 662. ersetzen
663. laufen | 664. kitzeln
665. auspacken | 666. träumen
667. kleben | 668. einpacken
669. tippen | 670. bürsten
671. erfinden | 672. sich verlassen auf
673. teilnehmen | 674. springen
675. versprechen | 676. herumalbern
677. drücken | 678. enthalten
679. rühren | 680. entdecken
681. zwingen | 682. kriechen
683. backen | 684. mischen
685. ruinieren | 686. vorschlagen
687. nicken | 688. messen
689. summen | 690. zucken
691. mögen | 692. schneien
693. umarmen | 694. verwirren

695. reparieren | 696. schweben
697. schnarchen | 698. schließen
699. spielen | 700. sich beeilen
701. hölzern | 702. selten
703. mutig | 704. saftig
705. glänzend | 706. feige
707. wolkig | 708. gut
709. gebraucht | 710. voraus
711. eindrucksvoll | 712. breit
713. gruselig | 714. nostalgisch
715. gefährlich | 716. robust
717. energisch | 718. nutzlos
719. überbewertet | 720. staubig
721. gegenteil | 722. hässlich
723. lebendig | 724. inkompetent
725. betrunken | 726. gewalttätig
727. fruchtbar | 728. witzig
729. laut | 730. harsch
731. lebhaft | 732. verheiratet
733. eng | 734. nächste
735. mürrisch | 736. schwierig
737. unordentlich | 738. warm
739. liebenswert | 740. reifen
741. reif | 742. quadrat
743. zahlreich | 744. früh
745. dunkel | 746. faul
747. täglich | 748. großartig
749. vage | 750. normal
751. schwarz | 752. obdachlos
753. verfault | 754. schlank
755. schmutzig | 756. lustig
757. wütend | 758. dünn
759. verrückt | 760. leichtsinnig
761. dumm | 762. hilfreich
763. detailliert | 764. frisch
765. elektrisch | 766. magisch

767. erste | 768. makellos
769. automatisch | 770. wund
771. klein | 772. wertlos
773. berühmt | 774. geröstet
775. gelb | 776. glücklich
777. zähmen | 778. hübsch
779. vorsichtig | 780. lockig
781. feuchte | 782. alt
783. praktisch | 784. mager
785. riesig | 786. bizarr
787. bitter | 788. lose
789. cool | 790. sauer
791. holperig | 792. vertraut
793. schließen | 794. lila
795. schimmlig | 796. wertvoll
797. breit | 798. nahe
799. unvollkommen | 800. eng
801. niedlich | 802. rot
803. flauschige | 804. organisch
805. gutaussehend | 806. schrullig
807. schrecklich | 808. gebraucht
809. regnerisch | 810. heiß
811. riese | 812. seicht
813. fabelhaft | 814. defekt
815. kurvig | 816. unbekannt
817. ganz | 818. schwach
819. männlich | 820. vergesslich
821. kenntnisreich | 822. schwer
823. zerbrechlich | 824. urkomisch
825. zweite | 826. seltsam
827. einfach | 828. stark
829. wackelig | 830. preiswert
831. wenig | 832. geschäftig
833. hart | 834. königlich
835. tabu | 836. weise
837. süss | 838. windig

839. art | 840. anspruchsvoll
841. hell | 842. befriedigend
843. wild | 844. nass
845. jung | 846. scharf
847. selbst | 848. sanft
849. orange | 850. falsch
851. sicher | 852. wohnung
853. hungrig | 854. privatgelände
855. mächtig | 856. enthusiastisch
857. gebogen | 858. exzellent
859. intelligent | 860. weiss
861. freundlich | 862. alkoholiker
863. groß | 864. hälfte
865. höchste | 866. regulär
867. nützlich | 868. real
869. durchschnitt | 870. essbar
871. weiblich | 872. durcheinander
873. reich | 874. erbärmlich
875. angenehm | 876. grün
877. salzig | 878. am besten
879. sauber | 880. anders
881. modern | 882. unschuldig
883. tödlich | 884. spirituell
885. federnd | 886. reich
887. banal | 888. gespenstisch
889. dünn | 890. perfekt
891. schmutzig | 892. steil
893. kurz | 894. kalt
895. hübsch | 896. trocken
897. jugendlich | 898. eisig
899. unheimlich | 900. verfügbar
901. braun | 902. ruhig
903. zweideutig | 904. erfolgreich
905. abenteuerlich | 906. gerade
907. gelassen | 908. sauer
909. müde | 910. aufgeräumt

911. weinerlich | 912. glücklich
913. gesund | 914. runden
915. fett | 916. schmucklos
917. speziell | 918. gutherzig
919. schnell | 920. weich
921. langweilig | 922. gebrochen
923. herrlich | 924. chaotisch
925. medizinisch | 926. winzig
927. schick | 928. still
929. rauh | 930. leer
931. romantisch | 932. blau
933. lecker | 934. groß
935. beschäftigt | 936. höflich
937. clever | 938. steif
939. mundgerecht | 940. seltsam
941. schön | 942. rosa
943. tief | 944. weit
945. erbittert | 946. schnell
947. scharf | 948. grausam
949. voll | 950. schwierig
951. frech | 952. neu
953. unhöflich | 954. minus
955. an | 956. bis
957. über | 958. unter
959. als | 960. vergangenheit
961. aus | 962. ausschließlich
963. für | 964. mit
965. gegenteil | 966. um
967. nahe | 968. ohne
969. auf | 970. außer
971. unterhalb | 972. nach
973. gegen | 974. außerhalb
975. unter | 976. nicht wie
977. unter | 978. innen
979. zwischen | 980. plus
981. vor | 982. trotz

983. über | 984. außen
985. über | 986. um
987. unter | 988. seit
989. entlang | 990. über
991. aus | 992. gegen
993. runter | 994. folgende
995. innerhalb | 996. durch
997. hinter | 998. auf zu
999. hoch | 1000. neben
1001. in richtung

LIVRE 2:
Parlez allemand rapidement avec 1001 phrases allemandes

Livre de pratique rapide de l'allemand pour les débutants, de zéro à la conversation

1. La fourmi porte une petite feuille.
Die Ameise trägt ein kleines Blatt.

2. La population de la commune est en croissance.
Die Bevölkerung der Stadt wächst.

3. Nous avons fait un pique-nique sur la côte sablonneuse.
Wir machten ein Picknick an der Sandküste.

4. Laissez-moi vous raconter une histoire avant de dormir.
Lass mich dir eine Gute-Nacht-Geschichte erzählen.

5. J'ai saupoudré un peu de sel sur mes frites.
Ich habe etwas Salz auf meine Pommes Frites gestreut.

6. Mon anniversaire est au mois d'août.
Mein Geburtstag ist im August.

7. L'image colorée est accrochée au mur.
Das bunte Bild hängt an der Wand.

8. J'ai utilisé une cuillère pour manger mes céréales.
Ich habe zum Essen meines Müsli einen Löffel verwendet.

9. Elle joue du piano, un bel instrument de musique.
Sie spielt Klavier, ein wunderschönes Musikinstrument.

10. Le panneau d'arrêt nous aide à rester en sécurité sur la route.
Das Stoppschild hilft uns, sicher auf der Straße zu bleiben.

11. Ma famille et moi vivons dans une maison confortable.
Meine Familie und ich wohnen in einem gemütlichen Haus.

12. Chaque pièce du puzzle s'emboîte parfaitement.
Jeder Teil des Puzzles passt perfekt zusammen.

13. Il nous a montré un tour de magie avec des cartes.
Er zeigte uns einen Zaubertrick mit Karten.

14. J'ai vu un oiseau taper à la fenêtre.
Ich sah einen Vogel an das Fenster klopfen.

15. Ils sont partis en vacances sur une île tropicale.
Sie machten Urlaub auf einer tropischen Insel.

16. Mettez les livres dans leur catégorie respective.
Ordnen Sie die Bücher der jeweiligen Kategorie zu.

17. Il y a un lien fort entre les deux idées.
Es besteht eine starke Verbindung zwischen den beiden Ideen.

18. Elle a obtenu un A+ à son test de mathématiques, une note parfaite.
Sie hat in ihrem Mathetest eine Eins+ bekommen, eine perfekte Note.

19. Prenez ce médicament pour vous sentir mieux.
Nehmen Sie dieses Arzneimittel ein, um sich besser zu fühlen.

20. La glace a un goût sucré et délicieux.
Das Eis hat einen süßen und köstlichen Geschmack.

21. Nous avons passé un bon moment au parc avec notre famille.
Wir hatten eine tolle Zeit mit unserer Familie im Park.

22. La montagne enneigée avait l'air majestueuse.
Der schneebedeckte Berg sah majestätisch aus.

23. Pouvez-vous me dire le numéro de téléphone, s'il vous plaît?
Können Sie mir bitte die Telefonnummer sagen?

24. Il a joué une belle mélodie à la guitare.

Er spielte eine wunderschöne Melodie auf der Gitarre.

25. Les vagues de l'océan étaient grandes et puissantes.
Die Wellen im Ozean waren groß und kraftvoll.

26. Nous avons pris un train pour visiter la ville voisine.
Wir fuhren mit dem Zug in die nahegelegene Stadt.

27. Le câble relie le téléviseur au mur.
Das Kabel verbindet den Fernseher mit der Wand.

28. J'adore regarder par la fenêtre d'un avion.
Ich liebe es, im Flugzeug aus dem Fenster zu schauen.

29. La carotte est un légume sain et savoureux.
Karotten sind ein gesundes und schmackhaftes Gemüse.

30. Nous sommes restés à l'intérieur à cause de la forte pluie.
Wegen des starken Regens blieben wir drinnen.

31. Pouvez-vous me montrer sur la carte à quel point nous sommes?
Können Sie mir auf der Karte zeigen, an welchem Punkt wir uns befinden?

32. J'ai faim, allons chercher de la nourriture délicieuse.
Ich habe Hunger, lass uns etwas Leckeres essen gehen.

33. La fondation solide maintient le bâtiment stable.
Das starke Fundament hält das Gebäude stabil.

34. J'ai vu un corbeau noir assis sur la clôture.
Ich sah eine schwarze Krähe auf dem Zaun sitzen.

35. Elle a présenté son petit ami à la famille.
Sie stellte der Familie ihren Freund vor.

36. Ma sœur étudie à l'université.
Meine Schwester studiert an der Universität.

37. Levez la main si vous avez une question.
Heben Sie Ihre Hand, wenn Sie eine Frage haben.

38. Le carré a quatre angles égaux.
Das Quadrat hat vier gleiche Winkel.

39. J'ai reçu une lettre de mon correspondant.
Ich habe einen Brief von meinem Brieffreund erhalten.

40. Dans l'histoire, une gentille fée exauce trois souhaits.
In der Geschichte erfüllt eine freundliche Fee drei Wünsche.

41. L'océan a des profondeurs mystérieuses et vastes.
Der Ozean hat geheimnisvolle und weite Tiefen.

42. La peinture et le dessin sont des formes d'art.
Malen und Zeichnen sind Kunstformen.

43. Il a emprunté de l'argent et a maintenant une dette à payer.
Er hat sich Geld geliehen und muss nun eine Schuld begleichen.

44. L'arbre fournissait de l'ombre par une chaude journée.
Der Baum spendete an einem heißen Tag Schatten.

45. L'alarme m'a réveillé le matin.
Der Wecker hat mich morgens geweckt.

46. J'ai bu de l'eau d'une bouteille froide.
Ich habe Wasser aus einer kalten Flasche getrunken.

47. Se laver les mains aide à prévenir la propagation des virus.
Händewaschen hilft, die Verbreitung von Viren zu verhindern.

48. Le camion de livraison a apporté un colis.
Der Lieferwagen brachte ein Paket.

49. Nous avons mangé de la purée de pommes de terre avec le dîner.
Zum Abendessen gab es Kartoffelpüree.

50. J'aime manger du riz frit avec des légumes.
Ich esse gerne gebratenen Reis mit Gemüse.

51. J'ai utilisé un crayon bleu pour colorer le ciel.
Ich habe den Himmel mit einem blauen Stift bemalt.

52. La carte montre la frontière entre deux pays.
Die Karte zeigt die Grenze zwischen zwei Ländern.

53. Le portail en bois mène au jardin.
Das Holztor führt zum Garten.

54. Elle a tapé un e-mail sur le clavier de l'ordinateur.
Sie tippte eine E-Mail auf der Computertastatur.

55. Appuyez sur le bouton rouge pour démarrer le jeu.
Drücken Sie den roten Knopf, um das Spiel zu starten.

56. Les astronautes voyagent dans l'espace dans des fusées.
Astronauten reisen mit Raketen ins All.

57. J'ai épluché une orange pour manger en collation.
Ich habe eine Orange geschält, um sie als Snack zu essen.

58. Les chevaliers ont eu une bataille féroce à l'époque médiévale.
Im Mittelalter lieferten sich die Ritter einen erbitterten Kampf.

59. Mon fils adore jouer avec sa petite voiture.

Mein Sohn liebt es, mit seinem Spielzeugauto zu spielen.

60. L'atmosphère terrestre nous protège de l'espace.
Die Erdatmosphäre schützt uns vor dem Weltraum.

61. Jouer du piano nécessite de la pratique et de l'habileté.
Klavierspielen erfordert Übung und Geschick.

62. Son chien de compagnie est amical et joueur.
Ihr Hund ist freundlich und verspielt.

63. J'aime boire du soda par temps chaud.
An heißen Tagen trinke ich gerne Limonade.

64. Un carré a quatre côtés égaux.
Ein Quadrat hat vier gleiche Seiten.

65. Les médecins travaillent dur pour trouver un remède aux
maladies.
Ärzte arbeiten hart daran, ein Heilmittel für Krankheiten zu finden.

66. J'ai stocké les cookies dans un bocal en verre.
Ich habe Kekse in einem Glas aufbewahrt.

67. Elle a créé une belle peinture d'une fleur.
Sie hat ein wunderschönes Gemälde einer Blume geschaffen.

68. Dites toujours la vérité, même si c'est difficile.
Sagen Sie immer die Wahrheit, auch wenn es schwer fällt.

69. Les enfants ont une imagination débordante lorsqu'ils jouent.
Kinder haben beim Spielen eine lebhafte Fantasie.

70. Le policier aide à assurer la sécurité de la communauté.
Der Polizist trägt dazu bei, die Gemeinschaft zu schützen.

71. Nous avons roulé sur une route longue et sinueuse.
Wir fuhren auf einer langen und kurvenreichen Straße.

72. Les scientifiques collectent et analysent des données pour la recherche.
Wissenschaftler sammeln und analysieren Daten für die Forschung.

73. Il y avait un petit trou dans ma chaussette.
In meiner Socke war ein kleines Loch.

74. J'aime me détendre sur le canapé confortable.
Ich entspanne mich gerne auf dem bequemen Sofa.

75. Nous recevons des nouvelles et des informations des médias.
Wir erhalten Neuigkeiten und Informationen aus den Medien.

76. Accrochez votre manteau au crochet près de la porte.
Hängen Sie Ihren Mantel an den Haken neben der Tür.

77. De nombreux poissons colorés vivent dans les profondeurs marines.
In der Tiefsee leben viele bunte Fische.

78. Le propriétaire du chat le nourrit et en prend soin.
Der Besitzer der Katze füttert und kümmert sich um sie.

79. Les membres de la famille ont une relation spéciale.
Familienmitglieder haben eine besondere Beziehung.

80. Je me suis lavé les mains avant de manger.
Ich habe mir vor dem Essen die Hände gewaschen.

81. Nous avons été conseillés par le service juridique.
Wir haben uns von der Rechtsabteilung beraten lassen.

82. Étalez du beurre sur vos toasts pour un délicieux petit-déjeuner.

Für ein köstliches Frühstück verteilen Sie Butter auf Ihrem Toast.

83. Elle a dessiné une image colorée d'une fleur.
Sie zeichnete ein farbenfrohes Bild einer Blume.

84. L'équipe a voté pour un nouveau chef de classe.
Das Team stimmte für einen neuen Klassenleiter.

85. La table est en bois solide.
Der Tisch ist aus stabilem Holz gefertigt.

86. La gauche encourage la diversité dans la société.
Die Linke fördert die Vielfalt in der Gesellschaft.

87. Tenez-vous en ligne droite pour monter à bord du bus scolaire.
Stehen Sie in einer geraden Reihe, um in den Schulbus einzusteigen.

88. Nous vivons sur la planète Terre, qui possède divers écosystèmes.
Wir leben auf dem Planeten Erde, der über vielfältige Ökosysteme verfügt.

89. Les biscuits fraîchement sortis du four avaient une odeur merveilleuse.
Die frisch gebackenen Kekse dufteten wunderbar.

90. Choisissez la bonne taille de chaussures pour vos pieds.
Wählen Sie die richtige Schuhgröße für Ihre Füße.

91. L'imprimante n'a plus d'encre.
Der Drucker hat keine Tinte mehr.

92. Ils aimaient dévaler la colline herbeuse.
Sie genossen es, den grasbewachsenen Hügel hinunterzurollen.

93. Je porte une montre pour connaître l'heure.

Ich trage eine Uhr, um die Zeit zu wissen.

94. Veuillez effectuer le paiement à la caisse.
Bitte nehmen Sie die Zahlung an der Kasse vor.

95. Baissez le volume de la musique, s'il vous plaît.
Drehen Sie bitte die Lautstärke der Musik herunter.

96. Elle ouvrit les rideaux pour laisser entrer la lumière du soleil.
Sie öffnete die Vorhänge, um Sonnenlicht hereinzulassen.

97. La famille a assisté aux funérailles pour lui rendre hommage.
Die Familie nahm an der Beerdigung teil, um ihren Respekt zu
erweisen.

98. Il porte une montre au poignet.
Er trägt eine Uhr am Handgelenk.

99. Le chauffeur du bus conduit en toute sécurité les enfants à
l'école.
Der Busfahrer fährt die Kinder sicher zur Schule.

100. L'oiseau battit des ailes et s'envola.
Der Vogel schlug mit den Flügeln und flog davon.

101. Nous avons vu une pleine lune dans le ciel nocturne.
Wir sahen einen Vollmond am Nachthimmel.

102. Pendant la tempête, nous avons entendu un fort tonnerre.
Während des Sturms hörten wir lautes Donnern.

103. Regardons une vidéo amusante sur Internet.
Schauen wir uns ein lustiges Video im Internet an.

104. C'est mon meilleur ami et nous jouons ensemble tous les jours.
Er ist mein bester Freund und wir spielen jeden Tag zusammen.

105. Utilisez votre bouche pour parler et manger.
Benutzen Sie Ihren Mund zum Sprechen und Essen.

106. Les parents ont donné à leur enfant un baiser de bonne nuit.
Die Eltern gaben ihrem Kind einen Gute-Nacht-Kuss.

107. Trop de chaleur brûlera le fond.
Zu viel Hitze verbrennt den Boden.

108. Le tremblement de terre a provoqué une catastrophe dans la ville.
Das Erdbeben verursachte eine Katastrophe in der Stadt.

109. Elle a donné un exemple pour expliquer le concept.
Sie gab ein Beispiel, um das Konzept zu erklären.

110. L'industrie automobile produit des voitures et des camions.
Die Automobilindustrie produziert Pkw und Lkw.

111. Le venin du serpent est un poison mortel.
Das Gift der Schlange ist ein tödliches Gift.

112. Nous montons une tente pour aller camper dans la forêt.
Wir bauen ein Zelt auf, um im Wald zu campen.

113. Il y a sept jours dans une semaine.
Es gibt sieben tage in der Woche.

114. Le sympathique caissier a accueilli chaque client avec le sourire.
Die freundliche Kassiererin begrüßte jeden Kunden mit einem Lächeln.

115. Un triangle a trois côtés et trois angles.
Ein Dreieck hat drei Seiten und drei Winkel.

116. Nous célébrons le Nouvel An le dernier jour de l'année.
Wir feiern Silvester am letzten Tag des Jahres.

117. Aux États-Unis, la monnaie est le dollar américain.
In den USA ist die Währung der US-Dollar.

118. Le brouillard rendait difficile de voir clairement la route.
Der Nebel machte es schwierig, die Straße klar zu sehen.

119. J'aime avoir du fromage en plus sur ma pizza.
Ich mag es, extra Käse auf meiner Pizza zu haben.

120. Veuillez fermer la porte lorsque vous quittez la chambre.
Bitte schließen Sie die Tür, wenn Sie den Raum verlassen.

121. Son jeune frère aime jouer avec des petites voitures.
Ihr jüngerer Bruder spielt gern mit Spielzeugautos.

122. Nous avons vu un long serpent vert dans le jardin.
Wir sahen eine lange, grüne Schlange im Garten.

123. Notre professeur nous enseigne les mathématiques et les sciences.
Unser Lehrer bringt uns Mathematik und Naturwissenschaften bei.

124. Elle a saupoudré un peu de poudre sur les fesses du bébé.
Sie streute etwas Puder auf den Po des Babys.

125. Les soldats se sont battus avec bravoure pendant la guerre.
Während des Krieges kämpften die Soldaten tapfer.

126. L'écrivain a écrit une histoire fascinante.
Der Autor hat eine faszinierende Geschichte geschrieben.

127. Ne parlez pas aux étrangers que vous rencontrez dans la rue.

Sprechen Sie nicht mit Fremden, die Sie auf der Straße treffen.

128. Capturez le beau moment avec une photo.
Halten Sie den schönen Moment mit einem Foto fest.

129. Mon passe-temps est de dessiner des images d'animaux.
Mein Hobby ist das Zeichnen von Tierbildern.

130. Ils se sont disputés amicalement au sujet de leurs sports
préférés.
Sie hatten einen freundschaftlichen Streit über ihre
Lieblingssportarten.

131. Si vous avez besoin d'aide, demandez à l'enseignant de
résoudre le problème.
Wenn Sie Hilfe benötigen, bitten Sie den Lehrer, das Problem zu
lösen.

132. Elle a rempli une demande d'emploi.
Sie hat eine Bewerbung für die Stelle ausgefüllt.

133. Utilisez une carte pour trouver votre chemin vers le parc.
Verwenden Sie eine Karte, um den Weg zum Park zu finden.

134. Comprendre le contexte nous aide à comprendre l'histoire.
Das Verständnis des Kontexts hilft uns, die Geschichte zu verstehen.

135. Il s'est accidentellement cogné le coude sur la table.
Er stieß versehentlich mit dem Ellbogen gegen den Tisch.

136. Un volcan peut entrer en éruption et libérer de la lave et des
cendres.
Ein Vulkan kann ausbrechen und Lava und Asche freisetzen.

137. Ma mère cuisinait de la soupe dans une grande marmite.
Meine Mutter kochte Suppe in einem großen Topf.

138. Nous avons formé un groupe d'étude pour préparer le test.
Wir haben eine Lerngruppe gebildet, um uns auf die Prüfung
vorzubereiten.

139. Le temps est ensoleillé et chaud aujourd'hui.
Das Wetter ist heute sonnig und warm.

140. Je prends un bain à l'eau tiède avant de me coucher.
Vor dem Schlafengehen nehme ich ein Bad mit warmem Wasser.

141. J'adore manger des pancakes au sirop d'érable au petit-
déjeuner.
Ich liebe es, zum Frühstück Pfannkuchen mit Ahornsirup zu essen.

142. Les abeilles fabriquent du miel sucré dans leurs ruches.
Bienen produzieren in ihren Bienenstöcken süßen Honig.

143. Nous devrions prendre des mesures pour réduire la pollution
de l'air.
Wir sollten Maßnahmen ergreifen, um die Luftverschmutzung zu
reduzieren.

144. Le menuisier a construit une belle table en bois.
Der Tischler baute einen wunderschönen Holztisch.

145. Le chat pelucheux adore jouer avec une pelote de laine.
Die flauschige Katze liebt es, mit einem Wollknäuel zu spielen.

146. La chimie est l'étude de la matière et de ses transformations.
Chemie ist das Studium der Materie und ihrer Veränderungen.

147. Ma mère utilise du chou pour faire une délicieuse salade.
Meine Mutter macht aus Kohl einen leckeren Salat.

148. Le canard nageait gracieusement dans l'étang.

Die Ente schwamm anmutig im Teich.

149. Pendant le tremblement de terre, le sol a tremblé.
Während des Erdbebens bebte der Boden.

150. Nous avons fêté son anniversaire avec un gâteau et des
cadeaux.
Wir feierten ihren Geburtstag mit Kuchen und Geschenken.

151. J'ai bu mon verre à travers une paille colorée.
Ich nippte an meinem Getränk durch einen bunten Strohhalm.

152. Le grand bâtiment a de nombreux étages et fenêtres.
Das hohe Gebäude hat viele Stockwerke und Fenster.

153. L'éolienne produit de l'électricité.
Die Windkraftanlage erzeugt Strom.

154. Soufflez les bougies et faites un vœu d'anniversaire.
Blasen Sie die Kerzen aus und wünschen Sie etwas zum Geburtstag.

155. Elle a bu de l'eau dans un verre clair.
Sie trank Wasser aus einem klaren Glas.

156. Félicitations au vainqueur de la course.
Herzlichen Glückwunsch an den Gewinner des Rennens.

157. Mangez lentement pour éviter de gonfler votre estomac.
Essen Sie langsam, um Magenbeschwerden zu vermeiden.

158. Je me suis blotti sous les couvertures chaudes de mon lit.
Ich kuschelte mich unter die warmen Decken auf meinem Bett.

159. Elle porte un collier autour du cou.
Um den Hals trägt sie eine Halskette.

160. Nous avons attendu le train à la gare animée.
Wir warteten am belebten Bahnhof auf den Zug.

161. Avec un travail acharné, vous pouvez réussir.
Mit harter Arbeit können Sie Erfolg haben.

162. Utilisez une fourchette pour manger des spaghettis.
Verwenden Sie zum Essen von Spaghetti eine Gabel.

163. Il posa son menton sur ses mains tout en réfléchissant.
Während er nachdachte, stützte er sein Kinn auf seine Hände.

164. J'ai utilisé une calculatrice pour résoudre le problème
mathématique.
Ich habe einen Taschenrechner verwendet, um die mathematische
Aufgabe zu lösen.

165. Lire des livres aide à acquérir des connaissances sur le monde.
Das Lesen von Büchern hilft, Wissen über die Welt zu erlangen.

166. Nous avons regardé un film amusant au cinéma.
Wir haben uns im Kino einen lustigen Film angeschaut.

167. Il gardait ses clés dans la poche de son jean.
Er bewahrte seine Schlüssel in der Tasche seiner Jeans auf.

168. Il a toujours la tête dans les nuages.
Er hat seinen Kopf immer in den Wolken.

169. Votre odorat vous aide à détecter les odeurs agréables.
Ihr Geruchssinn hilft Ihnen, angenehme Düfte wahrzunehmen.

170. Les bateaux ont accosté en toute sécurité dans le port calme.
Die Boote legten sicher im ruhigen Hafen an.

171. Suivons la recette pour faire des cookies aux pépites de chocolat.
Folgen wir dem Rezept, um Schokoladenkekse zuzubereiten.

172. Le dictionnaire donne la définition des mots inconnus.
Das Wörterbuch bietet die Definition unbekannter Wörter.

173. Une personne bienveillante a aidé l'enfant perdu à retrouver le chemin du retour.
Eine freundliche Person half dem verlorenen Kind, den Weg nach Hause zu finden.

174. Le lac est un endroit idéal pour aller pêcher et faire du bateau.
Der See ist ein großartiger Ort zum Angeln und Bootfahren.

175. Portez toujours un casque pour votre sécurité lorsque vous faites du vélo.
Tragen Sie zu Ihrer Sicherheit beim Fahrradfahren immer einen Helm.

176. Ma tante m'a offert un cadeau spécial pour mon anniversaire.
Meine Tante hat mir zu meinem Geburtstag ein besonderes Geschenk gemacht.

177. Le professeur a expliqué le sens du mot difficile.
Der Lehrer erklärte die Bedeutung des schwierigen Wortes.

178. Elle s'est assise au premier rang pour obtenir une meilleure position dans la classe.
Sie saß in der ersten Reihe, um eine bessere Position in der Klasse zu erreichen.

179. Mon chien joueur aime courir après une balle.
Mein verspielter Hund jagt gerne einem Ball hinterher.

180. Nous avons déplacé les meubles pour nettoyer la chambre.

Wir haben die Möbel verschoben, um das Zimmer zu reinigen.

181. Je porte un manteau chaud en hiver pour rester confortable.
Im Winter trage ich einen warmen Mantel, um es gemütlich zu
haben.

182. Elle dansait gracieusement sur le parquet.
Sie tanzte anmutig auf dem Holzboden.

183. Le magasin a réduit le prix des jouets pour la vente.
Der Laden reduzierte den Preis der zum Verkauf stehenden
Spielzeuge.

184. Il a écrit un article intéressant pour le journal de l'école.
Er hat einen interessanten Artikel für die Schülerzeitung
geschrieben.

185. Le magasin vend divers produits de beauté.
Der Laden verkauft verschiedene Schönheitsprodukte.

186. Nous avons regardé un dessin animé amusant à la télévision.
Wir haben im Fernsehen einen lustigen Zeichentrickfilm gesehen.

187. Le téléphone est une invention importante d'Alexander
Graham Bell.
Das Telefon ist eine bedeutende Erfindung von Alexander Graham
Bell.

188. Regardez le ciel nocturne et vous pouvez voir les étoiles
brillantes.
Schauen Sie in den Nachthimmel und Sie können die hellen Sterne
sehen.

189. La reine a salué la foule lors du défilé royal.
Während der königlichen Parade winkte die Königin der Menge zu.

190. J'ai laissé tomber la lettre dans la boîte aux lettres pour l'envoyer.
Ich habe den Brief in den Briefkasten geworfen, um ihn abzuschicken.

191. Son sourire égayait la journée de tout le monde.
Ihr Lächeln verschönerte jeden Tag.

192. Je mets la vaisselle sale dans le lave-vaisselle.
Ich stelle das schmutzige Geschirr in die Spülmaschine.

193. Pour qu'il puisse ensuite être partagé avec sa grand-mère.
Damit es dann mit seiner Großmutter geteilt werden kann.

194. Le diamant de sa bague scintillait au soleil.
Der Diamant an ihrem Ring funkelte im Sonnenlicht.

195. Il portait fièrement un insigne sur son uniforme.
Stolz trug er ein Abzeichen an seiner Uniform.

196. Le pont est en métal solide.
Die Brücke besteht aus starkem Metall.

197. Elle arrose la plante pour l'aider à pousser.
Sie gießt die Pflanze, damit sie wächst.

198. Le vélo a deux roues pour rouler.
Das Fahrrad hat zwei Räder zum Fahren.

199. Ils ont discuté du projet lors de l'importante réunion.
Sie besprachen das Projekt während des wichtigen Treffens.

200. Ma mère a utilisé une aiguille pour coudre un bouton sur ma chemise.
Meine Mutter hat mit einer Nadel einen Knopf an mein Hemd genäht.

201. Le cadeau était enveloppé dans un nœud coloré.
Das Geschenk war in eine bunte Schleife verpackt.

202. Nous allons à l'église tous les dimanches pour la prière.
Wir gehen jeden Sonntag zum Gebet in die Kirche.

203. L'enseignant a partagé un fait intéressant sur l'espace.
Der Lehrer erzählte eine interessante Tatsache über den Weltraum.

204. Il a eu un petit accident en faisant du vélo.
Er hatte beim Radfahren einen leichten Unfall.

205. Apprendre une nouvelle langue peut être difficile mais enrichissant.
Das Erlernen einer neuen Sprache kann herausfordernd, aber lohnend sein.

206. Elle a beaucoup de bons souvenirs de son enfance.
Sie hat viele schöne Erinnerungen an ihre Kindheit.

207. Un écureuil mignon a grimpé sur l'arbre pour ramasser des noix.
Ein süßes Eichhörnchen kletterte auf den Baum, um Nüsse zu sammeln.

208. J'adore le goût des fraises et de la crème.
Ich liebe den Geschmack von Erdbeeren und Sahne.

209. Il portait ses livres dans un sac solide.
Er trug seine Bücher in einem stabilen Sack.

210. Elle a eu une idée brillante pour le projet scientifique.
Sie hatte eine brillante Idee für das Wissenschaftsprojekt.

211. Elle a cassé l'œuf pour en faire une omelette.

Sie schlug das Ei auf und machte ein Omelett.

212. Son travail a remporté le premier prix du concours d'écriture.
Sein Beitrag gewann den ersten Preis im Schreibwettbewerb.

213. Les enfants ont construit un bonhomme de neige pendant les
chutes de neige d'hiver.
Kinder bauten während des winterlichen Schneefalls einen
Schneemann.

214. Mon père travaille pour une célèbre société de logiciels.
Mein Vater arbeitet für ein berühmtes Softwareunternehmen.

215. Le détective a donné une description détaillée du suspect.
Der Ermittler gab eine detaillierte Beschreibung des Verdächtigen.

216. Nous étudions chaque jour des matières différentes à l'école.
Wir lernen jeden Tag verschiedene Fächer in der Schule.

217. La machine à laver nettoie nos vêtements.
Die Waschmaschine reinigt unsere Kleidung.

218. Les acteurs ont donné une performance fantastique dans la
pièce.
Die Schauspieler haben in dem Stück eine fantastische Leistung
gezeigt.

219. Elle utilise son téléphone portable pour appeler ses amis.
Sie nutzt ihr Mobiltelefon, um ihre Freunde anzurufen.

220. Je me sens à l'aise et en sécurité dans ma maison confortable.
In meinem gemütlichen Zuhause fühle ich mich wohl und sicher.

221. L'entreprise a réalisé un bénéfice significatif cette année.
Das Unternehmen erzielte in diesem Jahr einen erheblichen
Gewinn.

222. Notre école dispose d'un système de notation efficace.
Unsere Schule verfügt über ein effizientes Notensystem.

223. Manger des fruits et des légumes est essentiel pour une bonne santé.
Der Verzehr von Obst und Gemüse ist für eine gute Gesundheit unerlässlich.

224. Il ne pouvait pas aller à la fête pour une raison valable.
Er konnte aus triftigem Grund nicht zur Party gehen.

225. Nous avons eu une conversation amicale autour d'un café.
Bei einem Kaffee hatten wir ein freundschaftliches Gespräch.

226. Le parc dispose d'une grande aire de jeux pour les enfants.
Der Park verfügt über einen großen Spielbereich für Kinder.

227. J'écris avec un stylo bleu dans mon carnet.
Ich schreibe mit einem blauen Stift in mein Notizbuch.

228. En tant que frère aîné, il a plus de responsabilités.
Als ältestes Geschwister trägt er mehr Verantwortung.

229. Elle a préparé un délicieux gâteau au chocolat pour la célébration.
Zur Feier hat sie einen leckeren Schokoladenkuchen gebacken.

230. Les marathoniens ont parcouru une longue distance.
Die Marathonläufer legten eine lange Distanz zurück.

231. Le raccourci est un moyen plus rapide d'atteindre le parc.
Die Abkürzung ist eine schnellere Möglichkeit, den Park zu erreichen.

232. Nous avons séjourné dans un hôtel luxueux pendant nos vacances.
Wir waren während unseres Urlaubs in einem luxuriösen Hotel untergebracht.

233. Il a reçu un jouet comme cadeau d'anniversaire.
Als Geburtstagsgeschenk erhielt er ein Spielzeug.

234. La bombe a explosé avec un grand bruit.
Die Bombe explodierte mit lautem Lärm.

235. Elle a suivi une méthode simple pour résoudre le puzzle.
Sie folgte einer einfachen Methode, um das Rätsel zu lösen.

236. L'enfant a joué joyeusement dans la cour de récréation.
Das Kind spielte fröhlich auf dem Spielplatz.

237. Nous avons réservé un vol direct pour la capitale.
Wir buchten einen Direktflug in die Hauptstadt.

238. Le parc d'attractions a de nombreuses attractions passionnantes.
Der Vergnügungspark bietet viele spannende Attraktionen.

239. Le magicien a exécuté une magie incroyable.
Der Zauberer vollbrachte erstaunliche Zauberei.

240. Je lis les nouvelles dans le journal tous les matins.
Ich lese jeden Morgen die Nachrichten in der Zeitung.

241. L'autoroute est occupée par des voitures et des camions.
Auf der Autobahn tummeln sich Autos und Lastwagen.

242. Elle avait un grand sourire sur son visage.
Sie hatte ein breites Lächeln im Gesicht.

243. Le drôle de comédien a fait rire tout le monde avec son humour.
Der lustige Komiker brachte mit seinem Humor alle zum Lachen.

244. L'infirmière a pris du sang pour le test.
Die Krankenschwester nahm etwas Blut zum Testen ab.

245. C'est un employé assidu de l'entreprise.
Er ist ein fleißiger Mitarbeiter im Unternehmen.

246. Un pourcentage élevé d'étudiants ont réussi l'examen.
Ein hoher Prozentsatz der Studierenden hat die Prüfung bestanden.

247. Elle transporte ses livres dans un sac à dos coloré.
Ihre Bücher trägt sie in einem bunten Rucksack.

248. Il aime lire des livres d'aventure.
Er liebt es, Abenteuerbücher zu lesen.

249. Elle portait une belle robe à la fête.
Sie trug zur Party ein wunderschönes Kleid.

250. Le bébé gloussa et frappa dans ses mains.
Das Baby kicherte und klatschte in die Hände.

251. Nous aimons explorer la beauté de la nature.
Wir lieben es, die Schönheit der Natur zu erkunden.

252. Sa fille est une artiste talentueuse.
Seine Tochter ist eine talentierte Künstlerin.

253. Asseyez-vous du côté gauche de la classe.
Setzen Sie sich auf die linke Seite des Klassenzimmers.

254. Elle enroula une écharpe chaude autour de son cou.
Sie wickelte sich einen warmen Schal um den Hals.

255. La forêt abrite de nombreuses créatures fascinantes.
Der Wald ist die Heimat vieler faszinierender Lebewesen.

256. Le montant qu'il a économisé n'était pas suffisant pour le voyage.
Der gesparte Betrag reichte nicht für die Reise.

257. Les explorateurs ont découvert une grotte cachée dans les montagnes.
Forscher entdeckten eine versteckte Höhle in den Bergen.

258. Il y a une grande différence entre les deux peintures.
Es gibt einen großen Unterschied zwischen den beiden Gemälden.

259. Elle se cogna l'orteil contre la chaise.
Sie stieß mit dem Zeh gegen den Stuhl.

260. Le jardin regorge de fleurs colorées.
Der Garten ist voller bunter Blumen.

261. Elle a planté une petite graine dans le jardin.
Sie pflanzte einen kleinen Samen im Garten.

262. Il a fait un investissement judicieux en bourse.
Er hat eine kluge Investition an der Börse getätigt.

263. Le moteur de la voiture démarra avec un rugissement sourd.
Der Motor des Autos sprang mit lautem Brüllen an.

264. Le chat remuait la queue quand il était content.
Die Katze wedelte mit dem Schwanz, wenn sie glücklich war.

265. Le médecin a examiné son os cassé.
Der Arzt untersuchte seinen gebrochenen Knochen.

266. N'ayez pas peur de l'échec car cela fait partie de
l'apprentissage.
Haben Sie keine Angst vor dem Scheitern, denn es gehört zum
Lernen dazu.

267. J'ai mis de la glace dans ma boisson pour la rendre froide.
Ich gebe etwas Eis in mein Getränk, um es kalt zu machen.

268. Elle portait un bijou étincelant à son doigt.
An ihrem Finger trug sie ein funkelndes Juwel.

269. Le magnifique coucher de soleil a peint le ciel avec des
couleurs vibrantes.
Der wunderschöne Sonnenuntergang tauchte den Himmel in
leuchtende Farben.

270. Il est un joueur de football qualifié dans l'équipe.
Er ist ein erfahrener Fußballspieler in der Mannschaft.

271. Nous nous sommes reposés à l'ombre fraîche d'un arbre.
Wir ruhten uns im kühlen Schatten eines Baumes aus.

272. Elle a utilisé de l'huile d'olive pour cuisiner les délicieuses
pâtes.
Sie verwendete Olivenöl, um die köstlichen Nudeln zu kochen.

273. Ils vivent dans un appartement confortable au deuxième
étage.
Sie wohnen in einer gemütlichen Wohnung im zweiten Stock.

274. Avec des efforts et de la pratique, vous pouvez améliorer vos
compétences.
Mit Mühe und Übung können Sie Ihre Fähigkeiten verbessern.

275. Il portait un chapeau élégant pour se protéger du soleil.
Er trug einen eleganten Hut, um sich vor der Sonne zu schützen.

276. La viande que ma mère a cuisinée pour le dîner était délicieuse.
Das Fleisch, das meine Mutter zum Abendessen gekocht hat, war köstlich.

277. Les enfants ont joué sur l'herbe verte et douce du parc.
Kinder spielten auf dem weichen grünen Gras im Park.

278. J'ai tourné la page pour continuer à lire l'histoire.
Ich blätterte um, um die Geschichte weiterzulesen.

279. Il a installé un nouveau logiciel sur son ordinateur.
Er installierte neue Software auf seinem Computer.

280. Elle a eu une nouvelle coupe de cheveux au salon.
Sie bekam im Salon einen neuen Haarschnitt.

281. Les panneaux solaires produisent de l'énergie propre à partir du soleil.
Sonnenkollektoren erzeugen saubere Energie aus der Sonne.

282. De nombreuses personnes se sont rassemblées pour regarder le défilé.
Viele Menschen versammelten sich, um die Parade anzusehen.

283. Il s'est blessé à la jambe en jouant au football.
Er verletzte sich beim Fußballspielen am Bein.

284. Le film a atteint une fin surprenante.
Der Film erreichte ein überraschendes Ende.

285. Il a utilisé un marteau pour fixer le clou desserré.
Er benutzte einen Hammer, um den losen Nagel zu reparieren.

286. La température a chuté et il est devenu plus froid.

Die Temperatur sank und es wurde kälter.

287. Le menu du restaurant propose une variété de plats délicieux.
Die Speisekarte des Restaurants bietet eine Vielzahl köstlicher
Gerichte.

288. Il a trouvé un quartier brillant sur le trottoir.
Er fand ein glänzendes Vierteldollarstück auf dem Bürgersteig.

289. J'apprécie un bol chaud de soupe au poulet par une journée
froide.
An einem kalten Tag genieße ich eine warme Schüssel
Hühnersuppe.

290. Le ballon a cessé de monter à une hauteur de 100 mètres.
Der Ballon hörte in einer Höhe von 100 Metern auf zu steigen.

291. Chacun a le droit d'exprimer son opinion.
Jeder hat das Recht, seine Meinung zu äußern.

292. Le son de la cloche de l'école signala la fin des cours.
Der Klang der Schulglocke signalisierte das Ende des Unterrichts.

293. Le soleil brille de mille feux dans le ciel pendant la journée.
Tagsüber scheint die Sonne hell am Himmel.

294. L'eau est un liquide clair et rafraîchissant.
Wasser ist eine klare und erfrischende Flüssigkeit.

295. La qualité du tissu est douce et lisse.
Die Stoffqualität fühlt sich weich und geschmeidig an.

296. Le chef a créé une délicieuse combinaison de saveurs.
Der Küchenchef hat eine köstliche Geschmackskombination kreiert.

297. Le zoo abrite de nombreux animaux différents.

Der Zoo beherbergt viele verschiedene Tiere.

298. Elle a écrit un poème sincère pour sa meilleure amie.
Sie schrieb ein herzliches Gedicht für ihre beste Freundin.

299. Utilisez les ciseaux pour couper le papier.
Schneiden Sie das Papier mit der Schere ab.

300. Un petit rat se précipita sur le sol.
Eine kleine Ratte huschte über den Boden.

301. Elle a ouvert un compte bancaire pour économiser son argent.
Sie eröffnete ein Bankkonto, um Geld zu sparen.

302. Ma chambre est un endroit douillet et confortable.
Mein Schlafzimmer ist ein gemütlicher und komfortabler Ort.

303. Nous dressons la table du dîner avec des assiettes et des
ustensiles.
Wir decken den Esstisch mit Tellern und Besteck.

304. Le géant se tient droit dans la forêt.
Der Riese steht hoch im Wald.

305. Peux-tu me passer ce truc bleu sur l'étagère ?
Kannst du mir das blaue Ding im Regal geben?

306. Le chauffeur du bus a accueilli chaque passager avec un
sourire.
Der Busfahrer begrüßte jeden Fahrgast mit einem Lächeln.

307. Elle s'est entraînée dur et a remporté le concours.
Sie trainierte hart und gewann den Wettbewerb.

308. Mettez vos sous-vêtements propres dans le tiroir.
Legen Sie Ihre saubere Unterwäsche in die Schublade.

309. Il a fini ses devoirs de maths avant le dîner.
Er beendete seine Mathe-Hausaufgaben vor dem Abendessen.

310. Il portait un gilet chaud pour rester confortable par temps froid.
Um sich bei kaltem Wetter wohl zu fühlen, trug er eine warme Weste.

311. Nous avons eu un délicieux dîner avec notre famille.
Wir hatten ein köstliches Abendessen mit unserer Familie.

312. Les étoiles brillent de mille feux la nuit.
Nachts leuchten die Sterne hell.

313. Elle se tenait au milieu du groupe.
Sie stand in der Mitte der Gruppe.

314. Il enfila ses gants pour garder ses mains au chaud.
Er zog seine Handschuhe an, um seine Hände warm zu halten.

315. J'ai une collection de 1000 timbres.
Ich habe eine Sammlung von 1000 Briefmarken.

316. Son humeur joyeuse égayait la pièce.
Ihre fröhliche Stimmung erhellte den Raum.

317. Ils ont dansé au rythme de la musique.
Sie tanzten im Rhythmus der Musik.

318. Ses beaux yeux bleus pétillaient d'excitation.
Ihre wunderschönen blauen Augen funkelten vor Aufregung.

319. Il a utilisé des couleurs vives pour peindre le tableau.
Er malte das Bild mit leuchtenden Farben.

320. Le gestionnaire supervise les opérations quotidiennes.
Der Manager überwacht die täglichen Abläufe.

321. Les progrès de la technologie ont changé nos vies.
Der Fortschritt der Technologie hat unser Leben verändert.

322. Nous avons vu des poissons colorés nager dans l'aquarium.
Wir sahen bunte Fische im Aquarium schwimmen.

323. Elle a repéré une petite araignée rampant sur le mur.
Sie entdeckte eine winzige Spinne, die an der Wand krabbelte.

324. Je regarde mon émission préférée sur la chaîne 5.
Ich schaue meine Lieblingsfernsehsendung auf Kanal 5.

325. Apprenez un nouveau mot du dictionnaire tous les jours.
Lernen Sie jeden Tag ein neues Wort aus dem Wörterbuch.

326. Ils ont signé un contrat pour la maison qu'ils ont achetée.
Sie unterzeichneten einen Vertrag für das Haus, das sie gekauft
hatten.

327. Ce diamant est de première classe.
Dieser Diamant ist erstklassig.

328. Les gouttes de pluie sont tombées sur le toit pendant la
tempête.
Während des Sturms fielen Regentropfen auf das Dach.

329. Nous gardons les aliments frais dans le réfrigérateur.
Wir halten Lebensmittel im Kühlschrank frisch.

330. Ma mère travaille dans un bureau très fréquenté du centre-
ville.
Meine Mutter arbeitet in einem geschäftigen Büro in der
Innenstadt.

331. Il a présenté sa petite amie à ses amis.
Er stellte seine Freundin seinen Freunden vor.

332. Les gens discutent de politique pendant les élections.
Bei Wahlen wird über Politik diskutiert.

333. Je ne trouve pas la clé de ma chambre.
Ich kann den Schlüssel zu meinem Zimmer nicht finden.

334. Il a payé son impôt sur le revenu au gouvernement.
Er zahlte seine Einkommenssteuer an den Staat.

335. Elle a utilisé une aiguille et du fil pour coudre un bouton.
Sie nähte mit Nadel und Faden einen Knopf.

336. Soufflez des bulles et regardez-les flotter dans l'air.
Blasen Sie Blasen und beobachten Sie, wie sie in der Luft schweben.

337. Nous avons vu des lions et des tigres au zoo.
Wir haben Löwen und Tiger im Zoo gesehen.

338. Nous avons fait un pique-nique dans le parc l'après-midi.
Am Nachmittag machten wir ein Picknick im Park.

339. Il y a une limite à combien d'argent je peux gagner par jour.
Es gibt eine Grenze dafür, wie viel Geld ich pro Tag verdienen kann.

340. Elle portait un chandail douillet pour se tenir au chaud.
Um sich warm zu halten, trug sie einen kuscheligen Pullover.

341. Les médecins travaillent pour trouver des remèdes à diverses
maladies.
Ärzte arbeiten daran, Heilmittel für verschiedene Krankheiten zu
finden.

342. Elle a étudié dur pour l'examen final.
Sie lernte fleißig für die Abschlussprüfung.

343. Les gens suivent différentes religions à travers le monde.
Menschen auf der ganzen Welt folgen unterschiedlichen Religionen.

344. Le magasin a une offre spéciale sur les chaussures.
Der Laden hat ein Sonderangebot an Schuhen.

345. Elle a tressé ses cheveux pour l'événement de l'école.
Für die Schulveranstaltung hat sie ihr Haar geflochten.

346. J'aime manger des fruits frais au petit déjeuner.
Ich esse gerne frisches Obst zum Frühstück.

347. La police a résolu le crime et arrêté le voleur.
Die Polizei konnte das Verbrechen aufklären und den Dieb
festnehmen.

348. Nous avons utilisé une pompe pour gonfler les pneus du vélo.
Zum Aufpumpen der Fahrradreifen verwendeten wir eine Pumpe.

349. Le tissu avait une texture douce et lisse.
Der Stoff hatte eine weiche und glatte Textur.

350. Nous sommes allés pêcher au bord de la rivière calme.
Wir gingen am ruhigen Fluss angeln.

351. N'oubliez pas de vous brosser les dents avec une brosse à
dents.
Vergessen Sie nicht, Ihre Zähne mit einer Zahnbürste zu putzen.

352. J'aime prendre une collation saine après l'école.
Nach der Schule esse ich gerne einen gesunden Snack.

353. Le grand domaine a un beau jardin.

Das große Anwesen verfügt über einen schönen Garten.

354. Le drapeau national représente notre pays.
Die Nationalflagge repräsentiert unser Land.

355. Il a ouvert une noix pour manger la noix à l'intérieur.
Er brach eine Walnuss auf, um die darin enthaltene Nuss zu essen.

356. Allons à l'épicerie pour acheter de la nourriture.
Lass uns zum Lebensmittelladen gehen, um etwas zu essen zu
kaufen.

357. Les enfants ont joué dans la terre et ont fait des tartes à la
boue.
Die Kinder spielten im Dreck und backten Schlammkuchen.

358. Nous devons prendre soin de l'environnement pour protéger la
nature.
Wir sollten uns um die Umwelt kümmern, um die Natur zu
schützen.

359. Elle a exprimé clairement son opinion.
Sie äußerte sich klar zu ihrer Meinung.

360. La vache broutait paisiblement dans le champ vert.
Die Kuh weidete friedlich auf der grünen Wiese.

361. Utilisez du savon pour vous laver les mains et les garder
propres.
Waschen Sie Ihre Hände mit Seife und halten Sie sie sauber.

362. Emportez un parapluie au cas où il pleuvrait.
Tragen Sie einen Regenschirm für den Fall, dass es regnet.

363. Ils sont parvenus à un accord après avoir discuté de la
question.

Nach Erörterung des Problems einigten sie sich.

364. La maison a un beau jardin à l'avant.
Das Haus hat einen schönen Garten an der Vorderseite.

365. L'aiguille de la boussole pointe vers le nord.
Die Kompassnadel zeigt nach Norden.

366. Il joue dans l'équipe de basket de l'école.
Er spielt in der Basketballmannschaft der Schule.

367. S'il vous plaît, passez-moi l'assiette avec la nourriture
délicieuse.
Bitte reichen Sie mir den Teller mit dem leckeren Essen.

368. Le collier du chien porte son nom et son numéro de téléphone.
Auf dem Halsband des Hundes sind sein Name und seine
Telefonnummer angebracht.

369. Le pont relie les deux côtés de la rivière.
Die Brücke verbindet die beiden Flussufer.

370. La Terre est notre planète natale dans le système solaire.
Die Erde ist unser Heimatplanet im Sonnensystem.

371. La police a emmené le criminel en prison.
Die Polizei brachte den Verbrecher ins Gefängnis.

372. Elle a choisi ses vêtements préférés à porter.
Sie wählte ihre Lieblingskleidung aus.

373. J'ai bu de l'eau dans une tasse en verre.
Ich trank Wasser aus einem Glasbecher.

374. L'oiseau coloré a chanté une belle mélodie.
Der bunte Vogel sang eine wunderschöne Melodie.

375. Il a trouvé une solution intelligente au problème de
mathématiques.
Er fand eine clevere Lösung für das Mathematikproblem.

376. Ce fut une décision difficile à prendre.
Es war eine schwierige Entscheidung.

377. L'équipe a développé une stratégie gagnante pour le match.
Das Team entwickelte eine Gewinnstrategie für das Spiel.

378. En été, on sent la chaleur du soleil.
Im Sommer spüren wir die Hitze der Sonne.

379. Le vase antique a une grande valeur pour les collectionneurs.
Die antike Vase hat für Sammler einen hohen Wert.

380. Elle a collectionné des timbres rares de différents pays.
Sie sammelte seltene Briefmarken aus verschiedenen Ländern.

381. La situation délicate a nécessité une réflexion approfondie
pour être résolue.
Die Lösung der schwierigen Situation erforderte sorgfältiges
Nachdenken.

382. La communauté locale a organisé un événement de nettoyage.
Die örtliche Gemeinde organisierte eine Aufräumaktion.

383. Nous sommes arrivés à l'aéroport pour prendre notre vol.
Wir kamen am Flughafen an, um unseren Flug zu erreichen.

384. Nous avons attendu une heure pour voir le médecin.
Wir warteten eine Stunde, um den Arzt aufzusuchen.

385. Il lui a offert une belle bague en diamant pour leur
anniversaire.

Er schenkte ihr zum Jubiläum einen wunderschönen Diamantring.

386. L'apprentissage de l'histoire nous aide à comprendre le passé.
Das Lernen über die Geschichte hilft uns, die Vergangenheit zu verstehen.

387. Après le dîner, nous avons dégusté un délicieux dessert.
Nach dem Abendessen genossen wir ein köstliches Dessert.

388. J'ai reçu un doux message d'anniversaire de mon ami.
Ich habe eine süße Geburtstagsnachricht von meinem Freund erhalten.

389. Retrouvons-nous au parc parce que c'est un endroit agréable pour jouer.
Treffen wir uns im Park, denn dort lässt es sich wunderbar spielen.

390. J'utilise un ordinateur pour faire mes devoirs.
Ich benutze einen Computer, um meine Schulaufgaben zu erledigen.

391. J'ai pris une photo du magnifique coucher de soleil.
Ich habe ein Foto des atemberaubenden Sonnenuntergangs gemacht.

392. Nous avons navigué sur un petit bateau à travers le lac.
Wir fuhren mit einem kleinen Boot über den See.

393. N'oubliez pas de vous brosser les dents avec du dentifrice.
Vergessen Sie nicht, Ihre Zähne mit Zahnpasta zu putzen.

394. Nous avons acheté des billets pour voir le film au cinéma.
Wir kauften Eintrittskarten, um den Film im Kino anzusehen.

395. Il aime jouer aux échecs avec ses amis.
Er spielt gerne Schach mit seinen Freunden.

396. Elle a mangé un raisin juteux de la grappe.
Sie aß eine saftige Traube von der Traube.

397. Nous avons pris l'ascenseur jusqu'au dernier étage.
Wir fuhren mit dem Aufzug in die oberste Etage.

398. L'homme d'affaires prospère a amassé une grande richesse.
Der erfolgreiche Geschäftsmann hat großes Vermögen angehäuft.

399. Je garde mes livres et mes fournitures sur mon bureau d'école.
Ich bewahre meine Bücher und Materialien auf meiner Schulbank
auf.

400. Elle a monté un cheval différent au ranch aujourd'hui.
Sie ist heute auf der Ranch auf einem anderen Pferd geritten.

401. Son mari l'a surprise avec un cadeau attentionné.
Ihr Mann überraschte sie mit einem aufmerksamen Geschenk.

402. Ils ont exploré le vaste territoire lors de leur road trip.
Auf ihrem Roadtrip erkundeten sie das weite Land.

403. Pour le dîner, nous avons eu du poulet rôti avec des légumes.
Zum Abendessen gab es gebratenes Hähnchen mit Gemüse.

404. Le début de l'histoire était captivant.
Der Anfang der Geschichte war fesselnd.

405. Elle a trouvé ses boucles d'oreilles préférées dans le tiroir du
haut.
In der obersten Schublade fand sie ihre Lieblingsohrringe.

406. Je verse du lait sur mes céréales pour le petit déjeuner.
Zum Frühstück gieße ich Milch über mein Müsli.

407. Nous sommes montés au sommet du rocher géant.
Wir kletterten auf den Gipfel des riesigen Felsens.

408. Ne manquez pas l'occasion d'essayer quelque chose de
nouveau.
Verpassen Sie nicht die Chance, etwas Neues auszuprobieren.

409. Une foule nombreuse s'est rassemblée pour assister au défilé.
Eine große Menschenmenge versammelte sich, um der Parade
beizuwohnen.

410. Son cœur bat vite quand elle est excitée.
Ihr Herz schlägt schnell, wenn sie aufgeregt ist.

411. Mon oncle vient nous rendre visite la semaine prochaine.
Mein Onkel kommt uns nächste Woche besuchen.

412. Dessinez un cercle parfait sur le papier.
Zeichnen Sie einen perfekten Kreis auf das Papier.

413. Ils entreposaient des conserves dans la cave fraîche.
Im kühlen Keller lagerten sie Konserven.

414. Le professeur nous a demandé d'écrire sur notre sujet préféré.
Der Lehrer bat uns, über unser Lieblingsthema zu schreiben.

415. Elle a reçu un beau cadeau pour son anniversaire.
An ihrem Geburtstag erhielt sie ein wunderschönes Geschenk.

416. La sécurité est notre priorité absolue dans ce projet.
Sicherheit steht bei diesem Projekt an erster Stelle.

417. Il désigna la direction du parc.
Er zeigte in Richtung Park.

418. Il a utilisé un sifflet fort pour appeler le chien.

Mit einem lauten Pfiff rief er den Hund.

419. Sa femme a préparé un délicieux dîner pour la famille.
Seine Frau bereitete ein köstliches Abendessen für die Familie zu.

420. Étudier dur mènera à un bon résultat au test.
Wer intensiv lernt, wird in der Prüfung ein gutes Ergebnis erzielen.

421. Il a rendu visite à son ami à l'hôpital.
Er besuchte seinen Freund im Krankenhaus.

422. Ils vivent dans une petite ville près des montagnes.
Sie leben in einer kleinen Stadt in der Nähe der Berge.

423. Une petite mouche bourdonnait dans la pièce.
Eine kleine Fliege schwirrte durch den Raum.

424. Nous avons accueilli le visiteur avec des sourires chaleureux.
Wir begrüßten den Besucher mit einem herzlichen Lächeln.

425. En réalité, les rêves peuvent devenir réalité avec un travail
acharné.
In Wirklichkeit können Träume mit harter Arbeit wahr werden.

426. Il y a beaucoup de beaux endroits à visiter dans le monde.
Es gibt viele schöne Orte auf der Welt, die man besuchen kann.

427. Elle a essuyé la poussière de la bibliothèque.
Sie wischte den Staub vom Bücherregal.

428. Il est un utilisateur des médias sociaux.
Er ist ein Nutzer sozialer Medien.

429. Soyez prudent lorsque vous utilisez un couteau bien aiguisé
dans la cuisine.

Seien Sie vorsichtig, wenn Sie in der Küche ein scharfes Messer verwenden.

430. Économisez de l'argent pour acheter le jouet que vous voulez.
Sparen Sie Geld, um das gewünschte Spielzeug zu kaufen.

431. J'ajoute toujours du bœuf et des pommes de terre à mon ragoût.
Ich füge meinem Eintopf immer Rindfleisch und Kartoffeln hinzu.

432. Les policiers portent une arme pour leur sécurité.
Polizisten tragen zu ihrer Sicherheit eine Waffe.

433. La petite souris se précipita sur le sol.
Die kleine Maus huschte über den Boden.

434. Ils ont invité de nombreux invités à la fête.
Sie luden viele Gäste zur Party ein.

435. Remettez les livres sur l'étagère.
Stellen Sie die Bücher wieder ins Regal.

436. Les enfants jouent à des jeux sur l'aire de jeux.
Kinder spielen auf dem Spielplatz.

437. Sa voix était douce et apaisante.
Ihre Stimme war sanft und beruhigend.

438. Les biscuits cuits dans le four chaud.
Die Kekse werden im heißen Ofen gebacken.

439. Elle portait ses livres dans un sac coloré.
Sie trug ihre Bücher in einer bunten Tasche.

440. Marquez les dates importantes sur le calendrier.
Markieren Sie wichtige Termine im Kalender.

441. La petite fille a joué avec sa poupée dans le parc.
Das kleine Mädchen spielte mit ihrer Puppe im Park.

442. Il a pris une photo du magnifique coucher de soleil avec son appareil photo.
Er machte mit seiner Kamera ein Foto des wunderschönen Sonnenuntergangs.

443. La fermeture éclair de ma veste est cassée.
Der Reißverschluss meiner Jacke ist kaputt.

444. Le public a applaudi bruyamment après le spectacle.
Das Publikum klatschte nach der Aufführung lautstark.

445. L'école a organisé un événement amusant pour les élèves.
Die Schule organisierte eine unterhaltsame Veranstaltung für die Schüler.

446. Le gouvernement travaille à prendre des décisions importantes pour le pays.
Die Regierung arbeitet daran, wichtige Entscheidungen für das Land zu treffen.

447. Ils ont célébré leur mariage avec une grande fête.
Sie feierten ihre Hochzeit mit einer großen Party.

448. La propriété est dans la famille depuis des générations.
Das Anwesen befindet sich seit Generationen im Familienbesitz.

449. L'assurance automobile aide à couvrir le coût des accidents.
Eine Kfz-Versicherung trägt dazu bei, die Kosten von Unfällen abzudecken.

450. Il a grimpé à l'échelle pour fixer la lumière.
Er kletterte die Leiter hinauf, um das Licht zu reparieren.

451. Le respect de la loi est essentiel pour une société pacifique.
Die Einhaltung der Gesetze ist für eine friedliche Gesellschaft unerlässlich.

452. Nous avons pris une route panoramique vers les montagnes.
Wir nahmen eine malerische Route in die Berge.

453. Nous portons des vêtements chauds en hiver pour rester au chaud.
Um es gemütlich zu haben, tragen wir im Winter warme Kleidung.

454. Elle a soulevé le poids lourd avec effort.
Mit Mühe hob sie das schwere Gewicht.

455. Il a accidentellement laissé tomber la tasse, provoquant une petite fissure.
Er ließ versehentlich den Becher fallen, wodurch ein kleiner Riss entstand.

456. Nous avons regardé un spectacle divertissant au théâtre.
Wir sahen uns eine unterhaltsame Show im Theater an.

457. Fumer une cigarette est nocif pour la santé.
Das Rauchen einer Zigarette ist gesundheitsschädlich.

458. Ils marchaient sur le trottoir au bord de la route.
Sie gingen auf dem Bürgersteig neben der Straße.

459. Sa chaussure gauche a un trou.
Ihr linker Schuh hat ein Loch.

460. Elle a emprunté un livre à la bibliothèque.
Sie hat sich ein Buch aus der Bibliothek ausgeliehen.

461. Ils ont raconté des histoires effrayantes sur un fantôme dans la vieille maison.
Sie erzählten gruselige Geschichten über einen Geist im alten Haus.

462. Il s'est blessé au dos après avoir soulevé de lourdes boîtes.
Er verletzte sich am Rücken, nachdem er schwere Kisten gehoben hatte.

463. Un petit-déjeuner composé de bacon et d'œufs.
Ein Frühstück mit Speck und Eiern.

464. Le président est le chef du pays.
Der Präsident ist der Führer des Landes.

465. Ils ont utilisé un équipement spécialisé pour l'expérience.
Für das Experiment verwendeten sie spezielle Geräte.

466. Le roi régnait sur le royaume avec sagesse.
Der König regierte mit Weisheit über das Königreich.

467. Elle aime apprendre sur l'espace et la science.
Sie liebt es, etwas über Weltraum und Wissenschaft zu lernen.

468. Le vent violent a soufflé les feuilles des arbres.
Der starke Wind blies die Blätter von den Bäumen.

469. Nous allons à la plage en été pour les vacances.
Im Sommer fahren wir im Urlaub an den Strand.

470. Votre langue vous aide à goûter différentes saveurs.
Ihre Zunge hilft Ihnen, verschiedene Geschmacksrichtungen zu schmecken.

471. Elle est restée debout jusqu'à minuit pour fêter le nouvel an.
Sie blieb bis Mitternacht wach, um das neue Jahr zu feiern.

472. Le gardien assure la sécurité de l'immeuble.
Der Wachmann sorgt für die Sicherheit des Gebäudes.

473. Chaque personne a droit à la liberté et au bonheur.
Jeder Mensch hat das Recht auf Freiheit und Glück.

474. Il a dégagé le drain bouché de l'évier de la cuisine.
Er reinigte den verstopften Abfluss im Spülbecken.

475. Le supermarché propose une variété de fruits et légumes.
Der Supermarkt bietet eine große Auswahl an Obst und Gemüse.

476. Les fleurs dégagent un doux parfum dans le jardin.
Die Blumen verströmen einen süßen Duft im Garten.

477. Les chambres sont situées à l'étage de la maison.
Die Schlafzimmer befinden sich im Obergeschoss des Hauses.

478. J'aime le goût des cerises rouges juteuses.
Ich liebe den Geschmack saftiger roter Kirschen.

479. Ils ont visité un beau pays pendant leurs vacances.
Während ihres Urlaubs besuchten sie ein wunderschönes Land.

480. L'étudiante assidue a reçu un prix pour son travail acharné.
Die fleißige Studentin erhielt für ihre harte Arbeit eine
Auszeichnung.

481. Elle aime lire des magazines de mode.
Sie liest gerne Modemagazine.

482. Les enfants adorent jouer sur la balançoire dans le parc.
Kinder lieben es, im Park auf der Schaukel zu spielen.

483. L'éducation est essentielle pour un avenir radieux.
Bildung ist für eine glänzende Zukunft unerlässlich.

484. Le chant des oiseaux crée un son agréable le matin.
Das Zwitschern der Vögel sorgt morgens für einen angenehmen
Klang.

485. Le feu du camping nous a tenu chaud.
Das Feuer auf dem Campingplatz hielt uns warm.

486. Les braves soldats protègent le pays dans l'armée.
Die tapferen Soldaten beschützen das Land in der Armee.

487. Les enfants ont participé à une activité de plein air amusante.
Die Kinder nahmen an einer lustigen Outdoor-Aktivität teil.

488. Elle a créé un beau design pour la carte de voeux.
Sie hat ein wunderschönes Design für die Grußkarte entworfen.

489. Ils cultivent et élèvent des animaux sur la ferme familiale.
Sie bauen Feldfrüchte an und züchten Tiere auf dem Bauernhof der
Familie.

490. La ville animée est pleine de grands immeubles et de rues
animées.
Die geschäftige Stadt ist voller hoher Gebäude und belebter
Straßen.

491. Je préfère le jus d'orange avec mon petit-déjeuner.
Zum Frühstück bevorzuge ich Orangensaft.

492. Les enfants sont fascinés par l'histoire des dinosaures.
Kinder sind fasziniert von der Geschichte der Dinosaurier.

493. Vous pouvez trouver des informations utiles dans des livres et
en ligne.
Nützliche Informationen finden Sie in Büchern und online.

494. Ils ont arrosé les plantes à l'aide d'un tuyau d'arrosage.
Sie bewässerten die Pflanzen mit einem Gartenschlauch.

495. Les enfants ont construit un château de sable sur la plage.
Die Kinder bauten am Strand eine Burg aus Sand.

496. L'escargot qui se déplaçait lentement rampait sur la feuille.
Die sich langsam bewegende Schnecke kroch über das Blatt.

497. Je suis accro au chocolat.
Ich bin süchtig nach Schokolade.

498. Ils célèbrent une tradition spéciale pendant les vacances.
An den Feiertagen feiern sie eine besondere Tradition.

499. Elle chante sa chanson préférée avec enthousiasme.
Mit Begeisterung singt sie ihr Lieblingslied.

500. Conservez le reçu comme preuve d'achat.
Bewahren Sie die Quittung als Kaufbeleg auf.

501. Je ne déteste personne; Je crois à la gentillesse.
Ich hasse niemanden; Ich glaube an Freundlichkeit.

502. Elle a confié ses secrets à sa meilleure amie.
Sie vertraute ihrer besten Freundin ihre Geheimnisse an.

503. Il peut gérer son temps efficacement pour terminer les tâches.
Er kann seine Zeit effektiv einteilen, um Aufgaben zu erledigen.

504. Il gémit bruyamment en apprenant la mauvaise nouvelle.
Er stöhnte laut, als er die schlechte Nachricht hörte.

505. Les plantes ont besoin de soleil et d'eau pour pousser.
Pflanzen brauchen zum Wachsen Sonnenlicht und Wasser.

506. Les deux amis aiment se battre de manière ludique dans la cour.
Die beiden Freunde ringen gerne spielerisch im Garten.

507. Elle avait prévu de surprendre sa mère avec un cadeau fait maison.
Sie hatte vor, ihre Mutter mit einem selbstgemachten Geschenk zu überraschen.

508. Le bourdonnement peut irriter certaines personnes.
Das summende Geräusch kann manche Menschen irritieren.

509. Fumer est nocif pour la santé.
Rauchen ist gesundheitsschädlich.

510. Il attrapa rapidement son sac et se précipita vers la porte.
Er schnappte sich schnell seine Tasche und stürmte zur Tür hinaus.

511. Veuillez éteindre les lumières avant de quitter la pièce.
Bitte schalten Sie das Licht aus, bevor Sie den Raum verlassen.

512. Il s'est excusé pour son erreur et a promis de faire mieux.
Er entschuldigte sich für seinen Fehler und versprach, es besser zu machen.

513. Ils resteront à la maison de la plage pour le week-end.
Sie werden das Wochenende im Strandhaus verbringen.

514. Nous dînons tous les soirs en famille.
Wir essen jeden Abend zusammen als Familie zu Abend.

515. Elle aime se faire plaisir avec de la glace lors des journées chaudes.
An heißen Tagen gönnt sie sich gerne ein Eis.

516. Les enfants adorent chanter leurs chansons préférées.

Die Kinder lieben es, ihre Lieblingslieder zu singen.

517. Pouvez-vous expliquer comment fonctionne le tour de magie ?
Können Sie erklären, wie der Zaubertrick funktioniert?

518. Le forfait comprendra un cadeau spécial.
Im Paket ist ein besonderes Geschenk enthalten.

519. Nous ne devons jamais faire de mal aux animaux ou aux autres.
Wir sollten niemals Tieren oder anderen Schaden zufügen.

520. Il est essentiel de boire suffisamment d'eau chaque jour.
Es ist wichtig, jeden Tag ausreichend Wasser zu trinken.

521. Veuillez répéter la phrase après moi pour vous entraîner.
Bitte wiederholen Sie den Satz nach mir, um ihn zu üben.

522. Nous devons protéger et respecter toutes les créatures vivantes et ne pas les tuer.
Wir sollten alle Lebewesen schützen und respektieren und sie nicht töten.

523. Il a accidentellement écrasé l'insecte avec sa chaussure.
Er zerquetschte versehentlich den Käfer mit seinem Schuh.

524. Nous ne devrions pas juger les autres en fonction de leur apparence.
Wir sollten andere nicht nach ihrem Aussehen beurteilen.

525. Ils emménageront dans une nouvelle maison le mois prochain.
Sie werden nächsten Monat in ein neues Haus umziehen.

526. C'est poli de mâcher la bouche fermée.
Es ist höflich, mit geschlossenem Mund zu kauen.

527. Le ballon va exploser si vous le soufflez trop.
Der Ballon wird explodieren, wenn Sie ihn zu stark aufblasen.

528. Le détective a résolu le meurtre et a attrapé le meurtrier.
Der Detektiv konnte den Mord aufklären und den Mörder fassen.

529. Utilisez la clé pour déverrouiller la porte.
Benutzen Sie den Schlüssel, um die Tür aufzuschließen.

530. Nous ne pouvons pas nous permettre d'acheter une nouvelle voiture en ce moment.
Wir können es uns im Moment nicht leisten, ein neues Auto zu kaufen.

531. Essayez ce gâteau et goûtez à quel point il est délicieux.
Probieren Sie diesen Kuchen und probieren Sie, wie lecker er ist.

532. Mon grand-père prendra sa retraite l'année prochaine.
Mein Opa wird sich nächstes Jahr von der Arbeit zurückziehen.

533. Faites attention de ne pas vous coincer le doigt dans la porte.
Achten Sie darauf, dass Sie sich nicht die Finger in der Tür einklemmen.

534. Parfois, les frères et sœurs se disputent à propos des jouets.
Manchmal streiten sich Geschwister über Spielzeug.

535. Il utilisa son doigt pour pointer l'homme.
Er zeigte mit dem Finger auf den Mann.

536. Regardons un film ensemble ce soir.
Lasst uns heute Abend gemeinsam einen Film schauen.

537. Clignez des yeux pour les garder humides.
Blinzeln Sie mit den Augen, um sie feucht zu halten.

538. Elle encouragera son amie avant le spectacle.
Sie wird ihre Freundin vor der Aufführung ermutigen.

539. Je remarque les belles fleurs du jardin.
Mir fallen die schönen Blumen im Garten auf.

540. Il a frappé le tambour avec une baguette.
Er schlug mit einem Trommelstock auf die Trommel.

541. Il a accidentellement foiré son dessin mais l'a réparé.
Er hat versehentlich seine Zeichnung vermasselt, sie aber repariert.

542. Veuillez retirer vos chaussures avant d'entrer dans la maison.
Bitte ziehen Sie Ihre Schuhe aus, bevor Sie das Haus betreten.

543. Ils inviteront leurs amis à la fête.
Sie werden ihre Freunde zur Party einladen.

544. Pouvez-vous m'aider à ouvrir ce pot de cornichons?
Können Sie mir helfen, dieses Glas mit Gurken zu öffnen?

545. La tempête peut détruire des bâtiments et des arbres.
Der Sturm kann Gebäude und Bäume zerstören.

546. Il est difficile de décider quelle saveur de crème glacée choisir.
Es ist schwer, sich für eine Eissorte zu entscheiden.

547. Elle lèvera la main pour répondre à la question.
Sie wird ihre Hand heben, um die Frage zu beantworten.

548. Il peut frapper le ballon avec beaucoup de force.
Er kann den Ball mit großer Kraft schießen.

549. L'oiseau relâcha sa prise et s'envola.
Der Vogel löste seinen Griff und flog davon.

550. Il peut porter de lourdes boîtes avec ses bras puissants.
Mit seinen starken Armen kann er schwere Kisten tragen.

551. Je posterai une lettre à mon correspondant.
Ich werde einen Brief an meinen Brieffreund schicken.

552. Le médecin examine votre gorge pour rechercher une infection.
Der Arzt untersucht Ihren Hals, um festzustellen, ob eine Infektion vorliegt.

553. L'enseignant approuvera le projet s'il répond aux critères.
Der Lehrer wird das Projekt genehmigen, wenn es die Kriterien erfüllt.

554. Frottez-vous les mains pour les réchauffer.
Reiben Sie Ihre Hände aneinander, um sie aufzuwärmen.

555. C'est mal de mentir; Dis toujours la vérité.
Es ist falsch zu lügen; sag immer die Wahrheit.

556. Elle vous dira au revoir au départ du train.
Sie wird zum Abschied winken, wenn der Zug abfährt.

557. Laisser de la nourriture trop longtemps peut la gâcher.
Wenn Lebensmittel zu lange weggelassen werden, können sie verderben.

558. Nous ne devrions jamais gifler qui que ce soit ; ce n'est pas gentil.
Wir sollten niemals jemanden schlagen; Es ist nicht nett.

559. Pour rester en sécurité, évitez de traverser la route sans regarder.
Vermeiden Sie es aus Sicherheitsgründen, die Straße ohne hinzusehen zu überqueren.

560. Le train est arrivé en gare à l'heure.
Der Zug kam pünktlich am Bahnhof an.

561. Suspendez les vêtements mouillés à l'extérieur pour qu'ils
sèchent au soleil.
Hängen Sie die nasse Kleidung draußen zum Trocknen in die Sonne.

562. Elle rejoindra l'équipe de football pour jouer avec ses amis.
Sie wird der Fußballmannschaft beitreten, um mit ihren Freunden
zu spielen.

563. Nous pouvons faire nos courses au supermarché.
Lebensmittel können wir im Supermarkt einkaufen.

564. Il aime se vanter de ses réalisations.
Er prahlt gerne mit seinen Leistungen.

565. Ses parents désapprouvent qu'elle sorte tard.
Ihre Eltern sind nicht damit einverstanden, dass sie lange draußen
bleibt.

566. Faire bouillir de l'eau pour faire une tasse de thé.
Kochen Sie Wasser, um eine Tasse Tee zuzubereiten.

567. La nouvelle inattendue va choquer tout le monde.
Die unerwartete Nachricht wird alle schockieren.

568. Ce n'est pas juste de tricher dans un jeu ; jouez toujours
honnêtement.
Es ist nicht fair, in einem Spiel zu schummeln. Spiele immer ehrlich.

569. Veuillez pousser la porte pour entrer dans la chambre.
Bitte stoßen Sie die Tür auf, um den Raum zu betreten.

570. Ses parents lui permettront d'aller à la fête.

Ihre Eltern erlauben ihr, zur Party zu gehen.

571. Vous pouvez joindre la photo à l'e-mail.
Sie können das Foto an die E-Mail anhängen.

572. Il ne put s'empêcher de sourire à la plaisanterie amusante.
Er konnte sich ein Grinsen über den lustigen Witz nicht verkneifen.

573. Les dinosaures n'existent plus sur Terre.
Dinosaurier gibt es auf der Erde nicht mehr.

574. Ils trouveront la pièce manquante du puzzle.
Sie werden das fehlende Puzzleteil finden.

575. Frappez à la porte avant d'entrer dans la chambre.
Klopfen Sie an die Tür, bevor Sie den Raum betreten.

576. Nous ne devrions jamais frapper ou blesser physiquement les
autres.
Wir sollten niemals andere schlagen oder körperlich verletzen.

577. Le vent a dispersé les feuilles dans la cour.
Der Wind zerstreute die Blätter im Hof.

578. Le magicien a fait disparaître le lapin.
Der Zauberer ließ das Kaninchen verschwinden.

579. Les pompiers sauvent des personnes des bâtiments en feu.
Feuerwehrleute retten Menschen aus brennenden Gebäuden.

580. Les élèves joueront une pièce de théâtre devant leurs parents.
Die Schüler werden ein Theaterstück für ihre Eltern aufführen.

581. Les couleurs vives attirent les papillons dans le jardin.
Helle Farben locken Schmetterlinge in den Garten.

582. Elle adore danser sur sa musique préférée.
Sie liebt es, zu ihrer Lieblingsmusik zu tanzen.

583. Utilisez du savon pour vous laver les mains avant de manger.
Waschen Sie Ihre Hände vor dem Essen mit Seife.

584. Le jouet perdu doit appartenir à quelqu'un ; trouvons le
propriétaire.
Das verlorene Spielzeug muss jemandem gehören; Lass uns den
Besitzer finden.

585. Vous pouvez mettre le film en pause pour prendre des
collations.
Sie können den Film anhalten, um ein paar Snacks zu bekommen.

586. Essayez de ne pas embarrasser vos amis en public.
Versuchen Sie, Ihre Freunde in der Öffentlichkeit nicht in
Verlegenheit zu bringen.

587. Le chiot va lécher votre visage pour montrer son affection.
Der Welpe wird Ihr Gesicht ablecken, um seine Zuneigung zu zeigen.

588. Nous avons tous ri de la blague amusante.
Wir haben alle über den lustigen Witz gelacht.

589. Levez la main pour répondre à la question du professeur.
Heben Sie Ihre Hand, um die Frage des Lehrers zu beantworten.

590. N'oubliez pas d'éteindre les lumières avant de dormir.
Vergessen Sie nicht, vor dem Schlafengehen das Licht
auszuschalten.

591. Ne gaspillez pas de nourriture; il est important de ne pas
gaspiller.
Verschwenden Sie keine Lebensmittel; Es ist wichtig, nicht
verschwenderisch zu sein.

592. La crème glacée fondra rapidement par une chaude journée.
An heißen Tagen schmilzt das Eis schnell.

593. Elle caressa doucement la fourrure du chat.
Sie streichelte sanft das Fell der Katze.

594. Versez-moi le jus dans un verre, s'il vous plaît.
Gießen Sie mir bitte den Saft in ein Glas.

595. Le guide nous a fait visiter le musée.
Der Reiseleiter führte uns durch das Museum.

596. La pratique vous aide à améliorer vos compétences.
Übung hilft Ihnen, Ihre Fähigkeiten zu verbessern.

597. Le bruit fort peut terrifier les jeunes enfants.
Der laute Lärm kann kleine Kinder erschrecken.

598. Des hélicoptères sauvent des gens des montagnes.
Hubschrauber retten Menschen aus Bergen.

599. Certaines personnes n'aiment pas le goût de certains aliments.
Manche Menschen mögen den Geschmack bestimmter
Lebensmittel nicht.

600. Il pratique la guitare tous les jours.
Er übt jeden Tag das Gitarrespielen.

601. Veuillez répondre à l'e-mail dès que possible.
Bitte antworten Sie so schnell wie möglich auf die E-Mail.

602. Elle possédera un nouveau vélo après son anniversaire.
Nach ihrem Geburtstag wird sie ein neues Fahrrad besitzen.

603. Le bruit soudain et fort la fit hurler de surprise.

Das plötzliche laute Geräusch ließ sie überrascht aufschreien.

604. Vous pouvez connecter votre téléphone au haut-parleur via Bluetooth.
Sie können Ihr Telefon über Bluetooth mit dem Lautsprecher verbinden.

605. Le magicien a fait disparaître la pièce dans les airs.
Der Zauberer ließ die Münze in Luft aufgehen.

606. Ce n'est pas bien de punir quelqu'un sans raison valable.
Es ist nicht richtig, jemanden ohne triftigen Grund zu bestrafen.

607. Le chat grattera le griffoir pour aiguiser ses griffes.
Die Katze kratzt am Kratzbaum, um ihre Krallen zu schärfen.

608. Il peut décrire l'image en détail.
Er kann das Bild detailliert beschreiben.

609. Emballez vos vêtements dans la valise pour le voyage.
Packen Sie Ihre Kleidung für die Reise in den Koffer.

610. Je vous mets au défi d'essayer le défi de la nourriture épicée.
Ich fordere Sie heraus, die Herausforderung mit scharfem Essen auszuprobieren.

611. Elle reniflera la fleur pour profiter de son parfum.
Sie wird an der Blume schnüffeln, um ihren Duft zu genießen.

612. S'il vous plaît soyez prudent lorsque vous montez dans les escaliers.
Bitte seien Sie vorsichtig, wenn Sie die Treppe betreten.

613. Les lapins tentent de s'échapper du jardin.
Die Kaninchen versuchen aus dem Garten zu fliehen.

614. Nous aimons passer du temps avec nos amis.
Wir genießen es, Zeit mit unseren Freunden zu verbringen.

615. Couvrez la casserole avec un couvercle pour garder les
aliments au chaud.
Decken Sie den Topf mit einem Deckel ab, um das Essen warm zu
halten.

616. Séparez les différentes couleurs de bonbons dans des bols.
Verteilen Sie die verschiedenen Bonbonfarben in Schüsseln.

617. Les étoiles brillent de mille feux dans le ciel nocturne.
Die Sterne leuchten hell am Nachthimmel.

618. Après une journée bien remplie, il est agréable de se détendre
et de se détendre.
Nach einem anstrengenden Tag ist es schön, sich zu entspannen
und zu entspannen.

619. La souris s'est retrouvée coincée dans la petite boîte.
Die Maus blieb in der kleinen Kiste gefangen.

620. Elle apprendra à nager dans la piscine.
Sie wird im Schwimmbad schwimmen lernen.

621. Elle changera de vêtements avant de sortir.
Sie wird sich umziehen, bevor sie ausgeht.

622. Un sourire chaleureux peut égayer la journée de quelqu'un.
Ein warmes Lächeln kann den Tag eines Menschen erhellen.

623. Remerciez toujours les gens pour leur gentillesse.
Danke den Menschen immer für ihre Freundlichkeit.

624. Nous devons faire de l'exercice régulièrement pour rester en
bonne santé.

Wir sollten regelmäßig Sport treiben, um gesund zu bleiben.

625. Planifions une journée amusante à la plage.
Lasst uns einen unterhaltsamen Tag am Strand planen.

626. Le lion va chasser sa proie dans la savane.
Der Löwe wird in der Savanne nach seiner Beute suchen.

627. Il est difficile d'imaginer un monde sans Internet.
Eine Welt ohne Internet ist kaum vorstellbar.

628. Écoutez attentivement ce que dit le professeur.
Hören Sie aufmerksam zu, was der Lehrer sagt.

629. Veuillez vider la corbeille lorsqu'elle est pleine.
Bitte leeren Sie den Mülleimer, wenn er voll ist.

630. Couvrez-vous la bouche lorsque vous toussez pour éviter la propagation des germes.
Bedecken Sie beim Husten Ihren Mund, um die Ausbreitung von Keimen zu verhindern.

631. Les enfants se poursuivent dans la cour.
Die Kinder jagen sich gegenseitig durch den Garten.

632. Elle arrangera les fleurs dans un beau vase.
Sie wird die Blumen in einer schönen Vase arrangieren.

633. Il a travaillé dur et mérite la reconnaissance.
Er hat hart gearbeitet und verdient die Anerkennung.

634. Manger des fruits et des légumes peut augmenter votre énergie.
Der Verzehr von Obst und Gemüse kann Ihre Energie steigern.

635. Le chien va chercher la balle dans le jardin.

Der Hund holt den Ball im Hinterhof.

636. Faites attention de ne pas laisser tomber le verre.
Achten Sie darauf, das Glas nicht fallen zu lassen.

637. Il est important de se concentrer pendant le test.
Es ist wichtig, sich während des Tests zu konzentrieren.

638. Vérifiez vos réponses pour vous assurer qu'elles sont correctes.
Überprüfen Sie Ihre Antworten, um sicherzustellen, dass sie richtig
sind.

639. Le bruit fort peut effrayer les jeunes enfants.
Der laute Lärm kann kleine Kinder erschrecken.

640. Ils ont décidé d'interdire les sacs en plastique pour protéger
l'environnement.
Sie beschlossen, Plastiktüten zu verbieten, um die Umwelt zu
schützen.

641. Nous devrions aider les autres quand ils en ont besoin.
Wir sollten anderen helfen, wenn sie es brauchen.

642. Elle a accroché son manteau au crochet.
Sie hängte ihren Mantel an den Haken.

643. L'interprète s'incline après sa danse.
Die Darstellerin verneigt sich nach ihrem Tanz.

644. Ne doutez pas de vos capacités ; tu peux le faire.
Zweifle nicht an deinen Fähigkeiten; du kannst es schaffen.

645. Les gens se déshabillent généralement avant de prendre un
bain.
Normalerweise zieht man sich vor dem Baden aus.

646. Soustrayez le plus petit nombre du plus grand.
Subtrahieren Sie die kleinere Zahl von der größeren.

647. Vaporisez un insectifuge pour éloigner les moustiques.
Sprühen Sie Insektenschutzmittel, um Mücken fernzuhalten.

648. Le chiot demande toujours une friandise.
Der Welpe bettelt immer um ein Leckerli.

649. On peut rendre visite à grand-mère le week-end.
Am Wochenende können wir Oma besuchen.

650. Ils décoreront la maison pour la fête.
Sie werden das Haus für die Party dekorieren.

651. Frappons dans nos mains pour encourager les artistes.
Lasst uns in die Hände klatschen, um die Künstler anzufeuern.

652. Veuillez entrer votre nom dans le formulaire d'inscription.
Bitte geben Sie Ihren Namen im Anmeldeformular ein.

653. Nous devons nous dépêcher pour prendre le bus à l'heure.
Wir müssen uns beeilen, um den Bus pünktlich zu erreichen.

654. Elle a réalisé son erreur et s'est excusée.
Sie erkannte ihren Fehler und entschuldigte sich.

655. Le sauveteur avertit les gens des fortes vagues.
Der Rettungsschwimmer warnt die Menschen vor den starken
Wellen.

656. Il a enregistré sa chanson préférée sur son téléphone.
Er hat sein Lieblingslied auf seinem Handy aufgenommen.

657. Puis-je emprunter votre stylo pour un moment?
Kann ich mir kurz Ihren Stift ausleihen?

658. S'il vous plaît, ne criez pas. Utilisez votre voix intérieure.
Bitte schreien Sie nicht. Verwenden Sie Ihre Innenstimme.

659. Elle recevra un cadeau pour son anniversaire.
An ihrem Geburtstag bekommt sie ein Geschenk.

660. Je veux acheter un nouveau livre à lire.
Ich möchte ein neues Buch zum Lesen kaufen.

661. L'école peut suspendre un élève pour avoir enfreint les règles.
Die Schule kann einen Schüler wegen Regelverstoßes suspendieren.

662. Il remplacera la fenêtre cassée par une nouvelle.
Er wird das kaputte Fenster durch ein neues ersetzen.

663. Les enfants courent dans le parc pour jouer.
Die Kinder rennen in den Park, um zu spielen.

664. Chatouillez votre ami pour le faire rire.
Kitzeln Sie Ihren Freund, um ihn zum Lachen zu bringen.

665. Ils déballent leurs valises après le voyage.
Nach der Reise packen sie ihre Koffer aus.

666. Que rêvez-vous de devenir dans le futur ?
Was träumen Sie davon, in Zukunft zu werden?

667. Utilisez de la colle pour coller le papier ensemble.
Kleben Sie das Papier mit Klebstoff zusammen.

668. Elle emballera le cadeau dans du papier coloré.
Sie wird das Geschenk in buntes Papier einpacken.

669. Vous pouvez taper votre histoire sur l'ordinateur.
Sie können Ihre Geschichte am Computer eingeben.

670. N'oubliez pas de vous brosser les dents avant le coucher.
Denken Sie daran, Ihre Zähne vor dem Zubettgehen zu putzen.

671. Les scientifiques inventent de nouvelles technologies pour améliorer nos vies.
Wissenschaftler erfinden neue Technologien, um unser Leben zu verbessern.

672. Vous pouvez compter sur vos amis pour vous soutenir.
Sie können sich auf die Unterstützung Ihrer Freunde verlassen.

673. Il assistera au concert de musique ce week-end.
Er wird dieses Wochenende das Musikkonzert besuchen.

674. Les enfants sauteront de joie en voyant les cadeaux.
Die Kinder werden vor Freude hüpfen, wenn sie die Geschenke sehen.

675. Promets-moi de conduire prudemment.
Versprich mir, dass du vorsichtig fährst.

676. Ils essaient de se tromper avec des blagues idiotes.
Sie versuchen, sich gegenseitig mit albernen Witzen zu täuschen.

677. Appuyez sur le bouton pour démarrer la machine.
Drücken Sie die Taste, um die Maschine zu starten.

678. La boîte contient tous les jouets.
Die Box enthält alle Spielsachen.

679. Remuez doucement la soupe pour mélanger les ingrédients.
Rühren Sie die Suppe vorsichtig um, um die Zutaten zu vermischen.

680. Les scientifiques découvrent de nouvelles planètes dans l'espace.

Wissenschaftler entdecken neue Planeten im Weltraum.

681. Ne forcez personne à faire quelque chose qu'il ne veut pas faire.
Zwingen Sie niemanden, etwas zu tun, was er nicht tun möchte.

682. Le bébé rampe sur le sol pour explorer.
Das Baby krabbelt auf dem Boden, um es zu erkunden.

683. Elle a préparé de délicieux biscuits pour la fête.
Sie hat leckere Kekse für die Party gebacken.

684. Mélanger les ingrédients ensemble pour faire la pâte à gâteau.
Mischen Sie die Zutaten zu einem Kuchenteig.

685. Veillez à ne pas gâcher la peinture avec des déversements.
Achten Sie darauf, das Gemälde nicht durch verschüttete Flüssigkeiten zu beschädigen.

686. Je vais proposer un jeu amusant à jouer ensemble.
Ich werde ein lustiges Spiel vorschlagen, das man gemeinsam spielen kann.

687. Hochez la tête si vous comprenez les instructions.
Nicken Sie mit dem Kopf, wenn Sie die Anweisungen verstanden haben.

688. Utilisez une règle pour mesurer la longueur de la table.
Verwenden Sie ein Lineal, um die Länge des Tisches zu messen.

689. Elle aime fredonner une mélodie tout en faisant ses devoirs.
Sie summt gerne eine Melodie, während sie ihre Hausaufgaben macht.

690. Si vous ne connaissez pas la réponse, haussez simplement les épaules.

Wenn Sie die Antwort nicht kennen, zucken Sie einfach mit den Schultern.

691. Les enfants aiment jouer dans le parc.
Kinder spielen gerne im Park.

692. En hiver, il peut neiger et recouvrir le sol.
Im Winter kann es schneien und den Boden bedecken.

693. Donnez à votre ami un câlin chaleureux quand vous le voyez.
Umarmen Sie Ihren Freund herzlich, wenn Sie ihn sehen.

694. Les problèmes mathématiques complexes peuvent parfois dérouter les élèves.
Komplexe mathematische Probleme können Schüler manchmal verwirren.

695. Il répare les jouets cassés avec de la colle.
Er repariert kaputtes Spielzeug mit Kleber.

696. Les ballons colorés flottent dans les airs.
Die bunten Luftballons schweben in der Luft.

697. Mon grand-père peut ronfler bruyamment en dormant.
Mein Opa kann im Schlaf laut schnarchen.

698. Fermez la porte avant de quitter la pièce.
Schließen Sie die Tür, bevor Sie den Raum verlassen.

699. Les enfants adorent jouer avec leurs jouets.
Kinder lieben es, mit ihren Spielsachen zu spielen.

700. Dépêchez-vous, ou nous serons en retard pour le film.
Beeilen Sie sich, sonst kommen wir zu spät zum Film.

701. La chaise a des pieds en bois et des roues en métal.

Der Stuhl hat Holzbeine und Metallräder.

702. Le diamant est une pierre précieuse rare.
Der Diamant ist ein seltener Edelstein.

703. C'est un pompier courageux, toujours prêt à rendre service.
Er ist ein mutiger Feuerwehrmann, immer bereit zu helfen.

704. La pastèque mûre est juteuse et rafraîchissante.
Die reife Wassermelone ist saftig und erfrischend.

705. Ses nouvelles chaussures ont une surface brillante.
Ihre neuen Schuhe haben eine glänzende Oberfläche.

706. Le personnage lâche a fui le danger.
Der feige Charakter rannte vor der Gefahr davon.

707. C'est une journée nuageuse, sans soleil.
Es ist ein bewölkter Tag ohne Sonnenschein.

708. Elle a obtenu une bonne note à son examen.
Bei ihrer Prüfung erhielt sie eine gute Note.

709. Ils ont acheté une voiture d'occasion au lieu d'une neuve.
Sie kauften einen Gebrauchtwagen statt eines Neuwagens.

710. Suivez la route devant vous.
Folgen Sie der Straße vor Ihnen.

711. Le feu d'artifice était génial à regarder.
Das Feuerwerk war großartig anzusehen.

712. La rivière est large et large.
Der Fluss ist breit und breit.

713. La maison hantée fait peur la nuit.

Das Spukhaus ist nachts unheimlich.

714. Écouter de vieilles chansons la rend nostalgique.
Wenn sie alte Lieder hört, wird sie nostalgisch.

715. Jouer avec le feu peut être dangereux.
Mit dem Feuer zu spielen kann gefährlich sein.

716. Il a un système immunitaire robuste et tombe rarement malade.
Er hat ein robustes Immunsystem und wird selten krank.

717. Les enfants sont toujours énergiques et actifs.
Die Kinder sind immer voller Energie und aktiv.

718. Le jouet cassé est inutile et ne peut pas être joué avec.
Das kaputte Spielzeug ist nutzlos und kann nicht damit gespielt werden.

719. Le film a été surestimé et n'a pas été à la hauteur de son battage médiatique.
Der Film wurde überbewertet und konnte seinem Hype nicht gerecht werden.

720. Les vieux livres sur l'étagère sont recouverts de couches poussiéreuses.
Die alten Bücher im Regal sind mit Staubschichten bedeckt.

721. Les deux amis ont des personnalités opposées.
Die beiden Freunde haben gegensätzliche Persönlichkeiten.

722. La gentillesse compte plus que d'être jolie ou laide.
Freundlichkeit ist wichtiger als hübsch oder hässlich auszusehen.

723. Les fleurs fleurissent au printemps et donnent vie au jardin.

Die Blumen blühen im Frühling und erwecken den Garten zum
Leben.

724. C'est un chef incompétent. Il n'a pas les compétences
nécessaires pour prendre des décisions importantes.
Er ist ein inkompetenter Anführer. Ihm fehlen die Fähigkeiten,
wichtige Entscheidungen zu treffen.

725. C'est dangereux de conduire en état d'ébriété. Évitez toujours
de boire et de conduire.
Es ist gefährlich, betrunken Auto zu fahren. Vermeiden Sie stets
Alkohol am Steuer und Autofahren.

726. Un comportement violent n'est pas acceptable; nous devons
traiter les autres avec gentillesse.
Gewalttätiges Verhalten ist nicht akzeptabel; Wir sollten andere mit
Freundlichkeit behandeln.

727. Le sol fertile est parfait pour faire pousser des cultures.
Der fruchtbare Boden eignet sich perfekt für den Anbau von
Nutzpflanzen.

728. Ses remarques pleines d'esprit font toujours rire les gens.
Ihre witzigen Bemerkungen bringen die Leute immer zum Lachen.

729. La rue animée peut être bruyante avec tout le trafic.
Die belebte Straße kann durch den ganzen Verkehr laut sein.

730. Elle a été sévèrement critiquée pour ses erreurs.
Für ihre Fehler erntete sie scharfe Kritik.

731. La fête était animée avec de la musique et de la danse.
Die Party war lebhaft mit Musik und Tanz.

732. Ils forment un couple marié et heureux.
Sie sind ein glücklich verheiratetes Paar.

733. Le chemin est étroit et ne peut convenir qu'à une seule personne.
Der Weg ist schmal und bietet nur Platz für eine Person.

734. Son anniversaire est la semaine prochaine et elle en est ravie.
Nächste Woche hat sie Geburtstag und sie freut sich darauf.

735. Il s'est réveillé de mauvaise humeur ce matin.
Er ist heute Morgen in einer mürrischen Stimmung aufgewacht.

736. Le puzzle peut être difficile à résoudre.
Das Rätsel kann schwierig zu lösen sein.

737. Veuillez nettoyer votre chambre car elle est très désordonnée.
Bitte reinigen Sie Ihr Zimmer, da es sehr unordentlich ist.

738. Le soleil fournit des rayons chauds lors d'une journée ensoleillée.
An einem sonnigen Tag sorgt die Sonne für warme Strahlen.

739. Le chiot est tellement adorable avec sa fourrure duveteuse.
Der Welpe ist mit seinem flauschigen Fell so bezaubernd.

740. C'est une jeune adulte mature et responsable.
Sie ist eine reife und verantwortungsbewusste junge Erwachsene.

741. La banane est mûre et prête à manger.
Die Banane ist reif und essfertig.

742. La table a une forme carrée.
Der Tisch hat eine quadratische Form.

743. Il y a de nombreuses étoiles dans le ciel nocturne.
Am Nachthimmel gibt es zahlreiche Sterne.

744. Ils sont arrivés tôt au parc pour s'assurer une bonne place.
Sie kamen früh im Park an, um sich einen guten Platz zu sichern.

745. La pièce est sombre car les lumières sont éteintes.
Der Raum ist dunkel, weil das Licht aus ist.

746. Il se sent paresseux et ne veut rien faire.
Er fühlt sich faul und möchte keine Arbeit machen.

747. Elle a une routine quotidienne qu'elle suit tous les matins.
Sie hat einen Tagesablauf, dem sie jeden Morgen folgt.

748. L'équipe a remporté un grand succès dans la compétition.
Das Team erzielte im Wettbewerb große Erfolge.

749. Son explication était vague et difficile à comprendre.
Seine Erklärung war vage und schwer zu verstehen.

750. C'était juste une journée ordinaire sans rien de spécial.
Es war nur ein gewöhnlicher Tag, an dem nichts Besonderes
passierte.

751. Elle portait une robe noire à la fête.
Zur Party trug sie ein schwarzes Kleid.

752. Le sans-abri a demandé de la nourriture.
Der Obdachlose bat um etwas Essen.

753. Le fruit est pourri et impropre à la consommation.
Die Früchte sind faul und nicht zum Essen geeignet.

754. C'est une fille maigre avec une silhouette mince.
Sie ist ein dünnes Mädchen mit einer schlanken Figur.

755. Les chaussures boueuses salissaient le sol.
Die schlammigen Schuhe machten den Boden schmutzig.

756. L'humoriste a raconté des blagues drôles qui ont fait rire tout le monde.
Der Komiker erzählte lustige Witze, die alle zum Lachen brachten.

757. Il s'est mis en colère quand quelqu'un a cassé son jouet préféré.
Er wurde wütend, als jemand sein Lieblingsspielzeug kaputt machte.

758. Le papier est fin et peut se déchirer facilement.
Das Papier ist dünn und kann leicht reißen.

759. Le tour de montagnes russes était fou et passionnant.
Die Achterbahnfahrt war verrückt und aufregend.

760. Elle a fait une erreur d'inattention sur le test.
Sie hat bei der Prüfung einen Flüchtigkeitsfehler gemacht.

761. Ce n'est pas bien d'appeler quelqu'un de stupide.
Es ist nicht schön, jemanden dumm zu nennen.

762. Le voisin serviable a proposé de porter les lourdes courses.
Der hilfsbereite Nachbar bot an, die schweren Lebensmittel zu tragen.

763. La carte a une illustration détaillée des points de repère de la ville.
Die Karte enthält eine detaillierte Abbildung der Wahrzeichen der Stadt.

764. Elle a cueilli des pommes fraîches de l'arbre.
Sie pflückte ein paar frische Äpfel vom Baum.

765. La voiture électrique fonctionne sur batterie.
Das Elektroauto fährt mit Batteriestrom.

766. Le conte de fées a eu une fin magique.
Das Märchen hatte ein magisches Ende.

767. Il remporte le premier prix du concours de dessin.
Er gewann den ersten Preis im Zeichenwettbewerb.

768. Elle a gardé sa chambre impeccable et rangée.
Sie hielt ihr Zimmer makellos und ordentlich.

769. La porte automatique s'ouvre lorsque vous vous en approchez.
Die automatische Tür öffnet sich, wenn Sie sich ihr nähern.

770. Son mal de gorge l'empêchait de parler.
Seine Halsschmerzen machten ihm das Sprechen schwer.

771. Le petit chiot tient dans la paume de votre main.
Der kleine Welpe passt in Ihre Handfläche.

772. Le jouet cassé est sans valeur et ne peut pas être réparé.
Das kaputte Spielzeug ist wertlos und kann nicht repariert werden.

773. Le célèbre acteur a de nombreux fans à travers le monde.
Der berühmte Schauspieler hat viele Fans auf der ganzen Welt.

774. Ils ont apprécié le goût délicieux des guimauves grillées.
Sie genossen den köstlichen Geschmack gerösteter Marshmallows.

775. Le tournesol a des pétales jaune vif.
Die Sonnenblume hat leuchtend gelbe Blütenblätter.

776. Il est toujours joyeux et souriant.
Er ist immer glücklich und lächelt.

777. Le chat de compagnie est apprivoisé et amical.
Die Hauskatze ist zahm und freundlich.

778. Elle a reçu un beau compliment de son professeur.
Sie bekam ein schönes Kompliment von ihrer Lehrerin.

779. Veillez à ne pas toucher le poêle chaud.
Achten Sie darauf, den heißen Herd nicht zu berühren.

780. Ses cheveux sont naturellement bouclés et souples.
Ihr Haar ist von Natur aus lockig und federnd.

781. Le sol est humide après la pluie.
Der Boden ist nach dem Regen feucht.

782. Le livre ancien a été transmis de génération en génération.
Das alte Buch wurde über Generationen weitergegeben.

783. Un couteau suisse est un outil pratique aux multiples fonctions.
Ein Schweizer Taschenmesser ist ein praktisches Werkzeug mit mehreren Funktionen.

784. C'est un athlète mince et en forme.
Er ist ein schlanker und fitter Sportler.

785. L'éléphant est un énorme animal.
Der Elefant ist ein riesiges Tier.

786. L'étrange créature avait une apparence bizarre.
Die seltsame Kreatur hatte ein bizarres Aussehen.

787. Le goût amer des médicaments la fit froncer les sourcils.
Der bittere Geschmack der Medizin ließ sie die Stirn runzeln.

788. La chemise est trop ample et doit être resserrée.
Das Hemd sitzt zu locker und muss enger geschnürt werden.

789. Le temps est frais et agréable.

Das Wetter ist kühl und angenehm.

790. Le jus de citron a un goût acide.
Zitronensaft hat einen säuerlichen Geschmack.

791. La route était cahoteuse et rendait le trajet inconfortable.
Die Straße war holprig und machte die Fahrt unangenehm.

792. Elle se sentait en sécurité dans l'environnement familier de sa maison.
Sie fühlte sich in der vertrauten Umgebung ihres Zuhauses sicher.

793. Une porte fermée empêche l'air froid d'entrer.
Eine geschlossene Tür hält die kalte Luft draußen.

794. Les fleurs du jardin étaient d'une belle nuance de violet.
Die Blumen im Garten hatten einen wunderschönen Lilaton.

795. Le pain était moisi et impropre à la consommation.
Das Brot war schimmelig und nicht zum Essen geeignet.

796. Le vase antique est très précieux et vaut beaucoup d'argent.
Die antike Vase ist sehr wertvoll und viel Geld wert.

797. La rivière est large et coule dans la vallée.
Der Fluss ist breit und fließt durch das Tal.

798. Il y a un parc près de chez nous où nous pouvons jouer.
In der Nähe unseres Hauses gibt es einen Park, in dem wir spielen können.

799. Personne n'est parfait. Nous sommes tous imparfaits d'une certaine manière.
Niemand ist perfekt. Wir sind alle in irgendeiner Weise unvollkommen.

800. Le couvercle était serré et difficile à ouvrir.
Der Deckel war fest und ließ sich nur schwer öffnen.

801. Le sourire du bébé est si mignon et adorable.
Das Lächeln des Babys ist so süß und bezaubernd.

802. Elle portait une jolie robe rouge à la fête.
Zur Party trug sie ein hübsches rotes Kleid.

803. Les nuages duveteux flottaient dans le ciel.
Die flauschigen Wolken schwebten am Himmel.

804. Ils cultivent des légumes biologiques dans leur jardin sans produits chimiques.
Sie bauen in ihrem Garten Bio-Gemüse ohne Chemikalien an.

805. C'est un beau jeune homme au sourire charmeur.
Er ist ein hübscher junger Mann mit einem bezaubernden Lächeln.

806. Son sens de l'humour décalé nous fait toujours rire.
Ihr skurriler Sinn für Humor bringt uns immer zum Lachen.

807. Le film d'horreur était si horrible que j'ai dû partir tôt.
Der Horrorfilm war so schrecklich, dass ich früh gehen musste.

808. Elle a acheté un livre d'occasion à la librairie d'occasion.
Sie kaufte ein gebrauchtes Buch im Antiquariat.

809. Le temps pluvieux a rendu les rues humides et glissantes.
Das regnerische Wetter machte die Straßen nass und rutschig.

810. Le soleil brillait et c'était une chaude journée d'été.
Die Sonne schien und es war ein heißer Sommertag.

811. L'éléphant géant est le plus grand animal terrestre.
Der Riesenelefant ist das größte Landtier.

812. L'étang est peu profond et vous pouvez voir le fond.
Der Teich ist flach und man kann den Grund sehen.

813. Les tours du magicien étaient merveilleux à regarder.
Die Tricks des Zauberers waren wunderbar anzusehen.

814. La machine défectueuse a soudainement cessé de fonctionner.
Die defekte Maschine funktionierte plötzlich nicht mehr.

815. La route sinueuse serpente à travers les montagnes.
Die kurvige Straße schlängelt sich durch die Berge.

816. L'emplacement du mystérieux trésor est encore inconnu.
Der Standort des mysteriösen Schatzes ist noch unbekannt.

817. Elle a mangé toute la pizza toute seule.
Sie hat die ganze Pizza alleine gegessen.

818. Il s'est senti faible après avoir été malade pendant une semaine.
Nach einer Woche Krankheit fühlte er sich schwach.

819. Le lion mâle a une crinière majestueuse.
Der männliche Löwe hat eine majestätische Mähne.

820. Sa nature oublieuse l'amène parfois à égarer les choses.
Ihre vergessliche Natur führt manchmal dazu, dass sie Dinge verlegt.

821. C'est une enseignante compétente qui en sait beaucoup sur l'histoire.
Sie ist eine sachkundige Lehrerin, die viel über Geschichte weiß.

822. La boîte était lourde et nécessitait deux personnes pour la soulever.

Der Karton war schwer und musste von zwei Personen angehoben werden.

823. Manipulez le délicat vase en verre avec précaution, il est fragile.
Gehen Sie vorsichtig mit der zarten Glasvase um, sie ist zerbrechlich.

824. Les blagues de l'humoriste étaient hilarantes et tout le monde a ri.
Die Witze des lustigen Komikers waren urkomisch und alle lachten.

825. Elle est arrivée à la deuxième place de la course.
Im Rennen belegte sie den zweiten Platz.

826. Le bruit mystérieux dans la vieille maison semblait étrange.
Der mysteriöse Lärm im alten Haus klang seltsam.

827. Les mathématiques deviennent faciles avec la pratique et la compréhension.
Mathe wird durch Übung und Verständnis einfacher.

828. L'athlète fort a soulevé des poids lourds sans effort.
Der starke Athlet hob mühelos schwere Gewichte.

829. Ses mains tremblaient de nervosité avant la présentation.
Ihre Hände zitterten vor Nervosität vor der Präsentation.

830. Ils ont trouvé un souvenir bon marché à la boutique de cadeaux.
Im Geschenkeladen fanden sie ein preiswertes Souvenir.

831. Le petit chiot était adorable et tenait dans son sac à main.
Der kleine Welpe war bezaubernd und passte in ihre Handtasche.

832. La ville grouille de monde et d'activités.

Die Stadt ist voller Menschen und Aktivitäten.

833. Il a persévéré à travers les défis difficiles et a réussi.
Er meisterte die schwierigen Herausforderungen und hatte Erfolg.

834. Le roi et la reine vivent dans un grand palais royal.
Der König und die Königin leben in einem großen königlichen Palast.

835. Dans certaines cultures, discuter de certains sujets est
considéré comme tabou.
In manchen Kulturen gilt die Diskussion bestimmter Themen als
Tabu.

836. La sage grand-mère a donné de précieux conseils.
Die weise Großmutter gab wertvolle Ratschläge.

837. Les bonbons sucrés avaient le goût de fraises.
Die süße Süßigkeit schmeckte nach Erdbeeren.

838. Le temps venteux a rendu le vol des cerfs-volants agréable.
Das windige Wetter machte das Drachensteigen zum Vergnügen.

839. C'est une personne gentille, toujours prête à aider les autres.
Er ist ein freundlicher Mensch, immer bereit, anderen zu helfen.

840. Le restaurant sophistiqué propose une cuisine gastronomique.
Das gehobene Restaurant bot Gourmetküche.

841. Le soleil éclatant faisait tout briller de chaleur.
Die strahlende Sonne ließ alles in Wärme erstrahlen.

842. Compléter un puzzle peut être une expérience satisfaisante.
Das Lösen eines Rätsels kann eine befriedigende Erfahrung sein.

843. Les animaux sauvages vivent librement dans la forêt.
Die Wildtiere leben frei im Wald.

844. Ses vêtements ont été mouillés par la pluie.
Ihre Kleidung wurde durch den Regen nass.

845. Le jeune enfant avait soif d'apprendre et d'explorer.
Das kleine Kind war begierig darauf, zu lernen und zu erkunden.

846. Le couteau tranchant peut couper facilement les légumes.
Das scharfe Messer kann Gemüse leicht durchschneiden.

847. C'est une personne d'humeur égale, qui se met rarement en colère.
Sie ist eine ausgeglichene Person, die selten wütend wird.

848. La douce brise soufflait par la fenêtre ouverte.
Die sanfte Brise wehte durch das offene Fenster.

849. Manger trop de carottes a rendu ma peau orange.
Durch den Verzehr von zu vielen Karotten wurde meine Haut orange.

850. Il est important d'admettre quand vous avez tort et de vous excuser.
Es ist wichtig, zuzugeben, wenn man Unrecht hat, und sich zu entschuldigen.

851. Regardez toujours des deux côtés avant de traverser la rue pour rester en sécurité.
Schauen Sie zur Sicherheit immer in beide Richtungen, bevor Sie die Straße überqueren.

852. La surface plane est parfaite pour écrire et dessiner.
Die flache Oberfläche eignet sich perfekt zum Schreiben und Zeichnen.

853. J'ai faim et je veux manger un délicieux repas.

Ich habe Hunger und möchte etwas Leckeres essen.

854. Elle aime garder son journal privé et personnel.
Sie führt ihr Tagebuch gerne privat und persönlich.

855. Le super-héros a de puissantes capacités pour sauver la ville.
Der Superheld verfügt über mächtige Fähigkeiten, um die Stadt zu retten.

856. Les enfants étaient enthousiasmés par le voyage à venir.
Die Kinder waren begeistert von der bevorstehenden Reise.

857. La branche d'arbre était tordue mais pas cassée.
Der Ast war verbogen, aber nicht gebrochen.

858. Il a obtenu une excellente note à son examen.
Er erhielt in seiner Prüfung eine hervorragende Note.

859. L'élève intelligent obtient toujours de bonnes notes.
Der intelligente Schüler bekommt immer gute Noten.

860. Les montagnes enneigées semblaient blanches et belles.
Die schneebedeckten Berge sahen weiß und wunderschön aus.

861. Le chien amical remuait la queue lorsqu'il rencontrait de nouvelles personnes.
Der freundliche Hund wedelte mit dem Schwanz, wenn er neue Leute kennenlernte.

862. Les boissons alcoolisées sont réservées aux adultes; les enfants ne doivent pas les consommer.
Alkoholische Getränke sind nur für Erwachsene; Kinder sollten sie nicht verzehren.

863. Le grand éléphant est le plus gros animal terrestre.
Der große Elefant ist das größte Landtier.

864. Il a mangé la moitié de la pizza et a gardé le reste pour plus tard.
Er aß die Hälfte der Pizza und hob den Rest für später auf.

865. Le chef a préparé une pizza suprême avec diverses garnitures.
Der Chefkoch bereitete eine erstklassige Pizza mit verschiedenen Belägen zu.

866. Elle pratique régulièrement le piano.
Sie übt regelmäßig Klavierspielen.

867. La boîte à outils contient divers outils utiles.
Die Toolbox enthält verschiedene nützliche Tools.

868. La vraie histoire était encore plus excitante que la fiction.
Die wahre Geschichte war noch spannender als die fiktive.

869. La taille moyenne des élèves de la classe est supérieure à celle de l'enseignant.
Die durchschnittliche Körpergröße der Schüler in der Klasse ist größer als die des Lehrers.

870. Le fruit mûr est maintenant comestible et prêt à manger.
Die reifen Früchte sind jetzt essbar und essfertig.

871. L'oiseau femelle a pondu des œufs dans le nid.
Das Vogelweibchen legte Eier in das Nest.

872. Les lettres mélangées rendaient difficile la lecture du mot.
Das Durcheinander der Buchstaben erschwerte das Lesen des Wortes.

873. L'homme riche possède plusieurs manoirs.
Der reiche Mann besitzt mehrere Villen.

874. Le chaton blessé avait l'air pathétique et avait besoin d'aide.
Das verletzte Kätzchen sah erbärmlich aus und brauchte Hilfe.

875. Le temps agréable a rendu le pique-nique en plein air agréable.
Das angenehme Wetter machte das Picknick im Freien angenehm.

876. L'herbe verte luxuriante couvrait le parc.
Das üppige grüne Gras bedeckte den Park.

877. Les frites salées lui donnaient soif.
Die salzigen Chips machten ihn durstig.

878. Sa peinture était la meilleure parmi toutes les entrées.
Ihr Gemälde war das beste unter allen Einsendungen.

879. Il garde sa chambre propre et bien rangée.
Er hält sein Zimmer sauber und ordentlich.

880. Les deux peintures ont des couleurs et des styles différents.
Die beiden Gemälde haben unterschiedliche Farben und Stile.

881. Le smartphone moderne possède de nombreuses
fonctionnalités avancées.
Das moderne Smartphone verfügt über viele erweiterte Funktionen.

882. L'enfant innocente croyait tout ce que ses parents lui disaient.
Das unschuldige Kind glaubte alles, was ihre Eltern ihr sagten.

883. Le venin du serpent peut être mortel pour l'homme.
Das Gift der Schlange kann für den Menschen tödlich sein.

884. Elle trouve la paix et le réconfort dans ses croyances
spirituelles.
Sie findet Frieden und Trost in ihren spirituellen Überzeugungen.

885. La balle rebondissante a rebondi haut après avoir touché le sol.

Der Hüpfball sprang hoch, nachdem er den Boden berührt hatte.

886. Le riche homme d'affaires possède plusieurs voitures de luxe.
Der wohlhabende Geschäftsmann besitzt mehrere Luxusautos.

887. Les tâches banales de la vie quotidienne peuvent parfois être
ennuyeuses.
Die alltäglichen Aufgaben des täglichen Lebens können manchmal
langweilig sein.

888. La vieille maison abandonnée avait l'air effrayante la nuit.
Das alte, verlassene Haus sah nachts unheimlich aus.

889. Le papier fragile se déchire facilement.
Das dünne Papier riss leicht.

890. Ses illustrations étaient parfaites, sans aucune erreur.
Ihr Kunstwerk war perfekt, ohne Fehler.

891. La chambre sale a besoin d'un nettoyage en profondeur, c'est
sale.
Das schmutzige Zimmer muss gründlich gereinigt werden, es ist
dreckig.

892. La pente raide de la montagne était difficile à gravir.
Der steile Berghang war eine Herausforderung.

893. Il est petit par rapport à ses grands amis.
Im Vergleich zu seinen großen Freunden ist er klein.

894. Le temps froid de l'hiver nécessite des vêtements chauds.
Das kalte Winterwetter erfordert warme Kleidung.

895. Elle portait une jolie robe à la fête.
Zur Party trug sie ein hübsches Kleid.

896. Le désert est chaud et sec avec peu de précipitations.
Die Wüste ist heiß und trocken mit wenig Niederschlag.

897. Elle a une apparence jeune, malgré son âge.
Sie hat trotz ihres Alters ein jugendliches Aussehen.

898. L'étang était glacé et la surface était gelée.
Der Teich war vereist und die Oberfläche war gefroren.

899. Le son effrayant dans la forêt sombre les a effrayés.
Das gruselige Geräusch im dunklen Wald machte ihnen Angst.

900. Les billets pour le concert sont encore disponibles.
Die Karten für das Konzert sind noch verfügbar.

901. Le chien brun a joué à chercher dans le parc.
Der braune Hund spielte im Park apportieren.

902. L'eau calme du lac était lisse et immobile.
Das ruhige Seewasser war glatt und still.

903. La déclaration ambiguë peut être interprétée de différentes manières.
Die mehrdeutige Aussage kann unterschiedlich interpretiert werden.

904. Elle a travaillé dur et est devenue une entrepreneure prospère.
Sie arbeitete hart und wurde eine erfolgreiche Unternehmerin.

905. Ils ont fait une randonnée aventureuse à travers les montagnes.
Sie machten eine abenteuerliche Wanderung durch die Berge.

906. La règle a aidé à tracer une ligne droite sur le papier.
Das Lineal half dabei, eine gerade Linie auf dem Papier zu zeichnen.

907. Il a agi avec nonchalance même s'il était nerveux à l'intérieur.
Er verhielt sich lässig, obwohl er innerlich nervös war.

908. Le citron a un goût aigre qui vous fait plisser.
Die Zitrone hat einen säuerlichen Geschmack, der einen zum
Kräuseln bringt.

909. Après une longue journée, elle se sentait fatiguée et prête à
aller au lit.
Nach einem langen Tag fühlte sie sich müde und bereit fürs Bett.

910. Elle garde sa chambre rangée et organisée.
Sie sorgt dafür, dass ihr Zimmer aufgeräumt und organisiert ist.

911. La triste fin du film l'a laissée en larmes.
Das traurige Ende des Films löste in ihr Tränen aus.

912. Il s'est senti chanceux après avoir remporté le prix de la
tombola.
Er hatte Glück, nachdem er den Tombolapreis gewonnen hatte.

913. Manger des fruits et des légumes vous maintient en bonne
santé.
Der Verzehr von Obst und Gemüse hält Sie gesund.

914. La pizza est ronde, comme un cercle.
Die Pizza ist rund, wie ein Kreis.

915. Le gros chat se prélassait paresseusement sur le canapé.
Die dicke Katze lag faul auf der Couch.

916. Elle portait un t-shirt blanc uni sans motifs.
Sie trug ein schlichtes weißes T-Shirt ohne Muster.

917. Aujourd'hui est un jour spécial, car c'est son anniversaire.
Heute ist ein besonderer Tag, denn es ist ihr Geburtstag.

918. La personne bienveillante aide les autres dans le besoin.
Der gutherzige Mensch hilft anderen in Not.

919. Le guépard est connu pour sa rapidité.
Der Gepard ist für seine schnelle Geschwindigkeit bekannt.

920. L'oreiller moelleux est doux et confortable.
Das flauschige Kissen ist weich und bequem.

921. Le cours de psychologie était si ennuyeux.
Die Psychologievorlesung war so langweilig.

922. Le jouet cassé doit être réparé.
Das kaputte Spielzeug muss repariert werden.

923. Le magnifique château était grand et grandiose.
Das prächtige Schloss war hoch und prachtvoll.

924. La chambre des enfants est en désordre avec des jouets
éparpillés partout.
Das Kinderzimmer ist unordentlich, überall liegen verstreute
Spielsachen herum.

925. L'équipe médicale prodigue des soins aux patients malades.
Das medizinische Team kümmert sich um erkrankte Patienten.

926. Le petit chaton ne pouvait pas sauter sur le lit.
Das kleine Kätzchen konnte nicht auf das Bett springen.

927. Elle portait une robe de fantaisie à l'événement officiel.
Zu der formellen Veranstaltung trug sie ein schickes Kleid.

928. La bibliothèque est un lieu silencieux pour lire et étudier.
Die Bibliothek ist ein stiller Ort zum Lesen und Lernen.

929. La surface rugueuse de l'écorce des arbres semble grossière.
Die raue Oberfläche der Baumrinde fühlt sich rau an.

930. Le verre vide doit être rempli d'eau.
Das leere Glas muss mit Wasser aufgefüllt werden.

931. Le couple a apprécié un dîner romantique aux chandelles.
Das Paar genoss ein romantisches Abendessen bei Kerzenschein.

932. Le ciel par temps clair apparaît bleu.
An einem klaren Tag erscheint der Himmel blau.

933. Le gâteau était savoureux et délicieux.
Der Kuchen war lecker und lecker.

934. La grande girafe attrapa les feuilles de l'arbre.
Die große Giraffe griff nach den Blättern des Baumes.

935. La rue animée était remplie de gens et de voitures.
Die belebte Straße war voller Menschen und Autos.

936. Les gens polis disent « s'il vous plaît » et « merci » ?
Höfliche Menschen sagen „Bitte" und „Danke"?

937. L'inventeur intelligent a créé un gadget utile.
Der kluge Erfinder hat ein nützliches Gerät geschaffen.

938. Les nouvelles chaussures étaient raides et inconfortables.
Die neuen Schuhe fühlten sich steif und unbequem an.

939. Le restaurant sert de petites bouchées.
Das Restaurant servierte mundgerechte Vorspeisen.

940. L'oiseau étrange ne ressemblait à aucun autre qu'ils avaient vu.
Der seltsam aussehende Vogel war anders als alle anderen, die sie
bisher gesehen hatten.

941. Les belles fleurs ont fleuri dans le jardin.
Die wunderschönen Blumen blühten im Garten.

942. Elle portait un chapeau rose à la fête.
Auf der Party trug sie einen rosa Hut.

943. L'océan est profond et mystérieux.
Der Ozean ist tief und geheimnisvoll.

944. La cour de récréation est loin de chez nous.
Der Spielplatz ist weit von unserem Haus entfernt.

945. Le tigre féroce rugit dans la jungle.
Der wilde Tiger brüllte im Dschungel.

946. Le guépard peut courir très vite.
Der Gepard kann sehr schnell laufen.

947. Le curry épicé avait une saveur forte.
Das scharfe Curry hatte einen kräftigen Geschmack.

948. Le film d'horreur avait des scènes horribles.
Der Horrorfilm hatte grausige Szenen.

949. Après avoir mangé, ils se sentaient rassasiés et satisfaits.
Nach dem Essen fühlten sie sich satt und zufrieden.

950. Le problème de maths était difficile à résoudre.
Die Matheaufgabe war schwer zu lösen.

951. Le vilain enfant s'est mal conduit et a été réprimandé.
Das ungezogene Kind benahm sich daneben und wurde beschimpft.

952. Il a reçu un nouvel ensemble de clubs de golf pour son
anniversaire.

Zu seinem Geburtstag bekam er einen neuen Satz Golfschläger.

953. Il est impoli d'interrompre quelqu'un pendant qu'il parle.
Es ist unhöflich, jemanden beim Sprechen zu unterbrechen.

954. Six moins quatre égal deux.
Sechs minus vier ergibt zwei.

955. Le livre est sur la table.
Das Buch ist auf dem Tisch.

956. Ils ont joué à des jeux jusque tard dans la soirée.
Sie spielten bis spät in den Abend.

957. Les oiseaux volaient au-dessus des grands arbres.
Die Vögel flogen über die hohen Bäume.

958. L'oiseau bleu était parmi les autres oiseaux colorés.
Der blaue Vogel gehörte zu den anderen bunten Vögeln.

959. Elle est plus grande que son jeune frère.
Sie ist größer als ihr jüngerer Bruder.

960. Ils passèrent devant la vieille maison.
Sie gingen am alten Haus vorbei.

961. Il a reçu une lettre de son ami.
Er erhielt einen Brief von seinem Freund.

962. Tout le monde est invité, sauf une personne.
Eingeladen sind alle, bis auf eine Person.

963. Elle a acheté des fleurs pour sa mère.
Sie kaufte Blumen für ihre Mutter.

964. Il joue au football avec ses amis.

Er spielt Fußball mit seinen Freunden.

965. Le parc est situé en face de la bibliothèque.
Der Park liegt gegenüber der Bibliothek.

966. Ils se sont promenés dans le quartier.
Sie gingen durch die Nachbarschaft.

967. Le supermarché est près de l'école.
Der Supermarkt befindet sich in der Nähe der Schule.

968. Il a réussi à terminer la tâche sans aucune aide.
Es gelang ihm, die Aufgabe ohne Hilfe zu bewältigen.

969. En ouvrant le cadeau, elle sourit.
Als sie das Geschenk öffnete, lächelte sie.

970. Tout le monde a fini ses devoirs sauf lui.
Alle außer ihm haben ihre Hausaufgaben erledigt.

971. Le chat s'est caché sous la table.
Die Katze versteckte sich unter dem Tisch.

972. Ils ont mangé de la glace après le dîner.
Nach dem Abendessen gab es Eis.

973. Les équipes de football joueront les unes contre les autres,
l'Angleterre contre le Brésil.
Die Fußballmannschaften spielen gegeneinander, England gegen
Brasilien.

974. Le chemin mène au-delà de la forêt.
Der Weg führt über den Wald hinaus.

975. Le chat dort sous le lit.
Die Katze schläft unter dem Bett.

976. Contrairement à son frère, elle adore nager.
Im Gegensatz zu ihrem Bruder schwimmt sie gern.

977. Le trésor était enfoui sous le sable.
Der Schatz wurde unter dem Sand vergraben.

978. Les cookies sont à l'intérieur du bocal.
Die Kekse sind im Glas.

979. Les deux arbres se dressent entre les maisons.
Die beiden Bäume stehen zwischen den Häusern.

980. Deux plus deux font quatre.
Zwei plus zwei ist gleich vier.

981. Ils partirent en voyage avant le lever du soleil.
Sie machten sich vor Sonnenaufgang auf den Weg.

982. Malgré la pluie, ils ont continué à jouer dehors.
Trotz des Regens spielten sie weiterhin draußen.

983. Les étoiles brillent au-dessus de nous.
Die Sterne leuchten hell über uns.

984. Les enfants jouaient à l'extérieur de la maison.
Die Kinder spielten außerhalb des Hauses.

985. Ils traversèrent le pont.
Sie gingen über die Brücke.

986. Elle a raconté une histoire sur ses vacances.
Sie erzählte eine Geschichte über ihren Urlaub.

987. Les poissons nagent sous la surface de l'eau.
Die Fische schwimmen unter der Wasseroberfläche.

988. Ils sont amis depuis la maternelle.
Sie sind seit dem Kindergarten befreundet.

989. Ils marchèrent le long de la berge.
Sie gingen am Flussufer entlang.

990. Ils ont envoyé le colis par courrier express.
Sie schickten das Paket per Expresspost.

991. Il a éteint les lumières avant de dormir.
Er machte das Licht aus, bevor er schlief.

992. L'équipe a joué contre ses rivaux.
Die Mannschaft spielte gegen ihre Rivalen.

993. Le ballon a dévalé la colline.
Der Ball rollte den Hügel hinunter.

994. Le lendemain, ils ont organisé une fête.
Am nächsten Tag feierten sie eine Party.

995. Les clés sont dans le tiroir.
Die Schlüssel liegen in der Schublade.

996. Ils ont marché à travers la forêt.
Sie wanderten durch den Wald.

997. Il se tenait derrière le grand arbre.
Er stand hinter dem hohen Baum.

998. Le chat a sauté sur la chaise.
Die Katze sprang auf den Stuhl.

999. Le ballon flottait dans le ciel.
Der Ballon schwebte in den Himmel.

1000. Elle s'assit à côté de sa meilleure amie.
Sie saß neben ihrer besten Freundin.

1001. Les élèves se dirigèrent vers l'école.
Die Schüler gingen auf die Schule zu.

LIVRE 3: Aventures en allemand

1000+ lignes de dialogues allemand utiles pour vous aider à apprendre l'allemand

LIVRE 3 Contenu

Introduction

Cher apprenant.

C'est l'histoire d'Albert Hoffman, un étudiant de 20 ans originaire de New York. Albert peut parler un peu l'allemand parce que sa mère vient d'Allemagne. Mais maintenant, il veut apprendre plus l'allemand.

Il vient donc en Allemagne pour étudier à l'Université de Fribourg. Il va faire beaucoup d'amis et peut-être même trouver une petite amie. Mais que se passera-t-il exactement sur son semestre à l'étranger? Découvrez à l'intérieur

S'amuser. Commençons.

Der neue Mitbewohner

Albert und seine Mutter sind gerade in Freiburg angekommen. Sie hilft ihm, seine Wohnung zu finden. Sie stehen vor dem Aufzug als David ankommt.

TAXIFAHRER Einhundertachtzehn Euro sechzig bitte.

FRAU HOFFMAN Hier. Einhundertzwanzig Euro.

TAXIFAHRER Vielen Dank. Ich gebe Ihnen dreißig Euro zurück. Einen schönen Tag noch.

FRAU HOFFMAN Ihnen auch. Auf Wiedersehen.

ALBERT Ich werde die schweren Koffer mitnehmen. Kannst du meine Laptoptasche tragen?

FRAU HOFFMAN Leg die Laptoptasche auf den Koffer, wenn du ihn ziehen. Ich kann meinen Koffer selbst ziehen.

ALBERT Glücklicherweise hat die Wohnung einen Aufzug, so dass wir nicht alles die **Treppe** hoch tragen müssen.

FRAU HOFFMAN Ohne Aufzug konnten wir es nicht schaffen.

ALBERT Diese Straße ist sehr schön. Warst du schon einmal hier?

FRAU HOFFMAN Ja, ich kenne diese Straße sehr gut. Früher habe ich hier manchmal mit Freunden Fahrrad gefahren.

ALBERT Hast du dein Fahrrad noch in Freiburg? Ich möchte es benutzen, um alle coolen Orte **in der Nähe** zu sehen.

FRAU HOFFMAN Leider habe ich es verkauft, bevor wir nach Amerika gezogen sind. Du kannst eines von einer **Flohmarkt** kaufen oder in der Zeitung suchen.

ALBERT Ja, ich habe ein Poster für einen Fahrradmarkt gesehen. Auf der Messe in Freiburg. Es sagte vom neunundzwanzigsten zum einunddreißigsten März. Weißt du, wo das ist?

FRAU HOFFMAN Wenn ich mich recht erinnere, kannst du die Straßenbahn Nr. 4 nehmen und an der letzten Haltestelle aussteigen. Von dort musst du nur noch fünf oder zehn Minuten laufen.

ALBERT Großartig. Ich hoffe, ich kann ein gutes Fahrrad zu einem guten Preis bekommen. Ich weiß nichts über Fahrräder.

FRAU HOFFMAN Ich bin mir sicher, du wirst viele Freunde finden und einer von ihnen sollte dir helfen können. Es gibt viele Fahrräder vor deinem Gebäude. Es sieht wie ein sicherer Ort aus, um dein Fahrrad nachts **abzusperren**.

ALBERT Das denke ich auch. Ich wäre so **wütend**, wenn mein Fahrrad gestohlen würde.

FRAU HOFFMAN Ich **wette**, dein Mitbewohner hat ein Fahrrad und kann dir vielleicht sogar helfen, eins zu kaufen.

ALBERT Ich glaube, du hast Recht. Oh nein, ich kann meinen **Schlüssel** nicht finden. Ich glaube, ich habe ihn verloren.

FRAU HOFFMAN Du hast der Schlüssel gerade erst von der Universität bekommen. Wie kannst du ihn schon verlieren?

ALBERT Ich weiß es nicht. Ich **dachte**, der war in meiner Hosentasche, aber jetzt kann ich ihn nicht finden. Oh warte, ich habe es gefunden. Er war in meiner Laptoptasche.

FRAU HOFFMAN Gott sei Dank. Verliere niemals deinen Schlüssel. Es wird sehr teuer sein, wenn du ihn verlierst. Hier in Deutschland musst du zahlen, um die **Schlösser** im Gebäude zu **ersetzen**, wenn du deinen Schlüssel verlierst.

ALBERT Wirklich? Menschen verlieren oft ihre Schlüssel. Wie können sie es sich **leisten**, die Schlösser in allen Wohnungen zu ersetzen?

FRAU HOFFMAN Die meisten Deutschen haben dafür eine Versicherung. **Eigentlich** sollten wir uns eine **Haftpflichtversicherung** für dich **beantragen**. Es ist nicht teuer.

ALBERT Ja, dann werde ich beruhigt sein.

FRAU HOFFMAN Erinnere mich daran, einen Termin bei der **Versicherungsgesellschaft** zu vereinbaren, bevor ich heute gehe.

ALBERT Ok, kein Problem. Schau, der Schlüssel funktioniert.

FRAU HOFFMAN Nehmen wir den Aufzug.

DAVID Guten Tag.

FRAU HOFFMAN Guten Tag. Fahren Sie hoch?

DAVID Ja. Bitte, nach Ihnen.

FRAU HOFFMAN Vielen Dank.

DAVID Auf welcher **Etage** ist deine Wohnung?

ALBERT Im fünften **Stock**.

DAVID Ich lebe auf der gleichen Etage. Du musst mein neuer **Mitbewohner** sein.

ALBERT Ja, ich denke schon.

DAVID Ich freue mich, dich kennenzulernen. Mein Name ist David Bauer. Ich komme aus Berlin.

ALBERT Ich bin auch froh. Mein Name ist Albert Hoffman und das ist meine Mutter.

DAVID Frau Hoffman, Ihre Taschen sehen ziemlich schwer aus. Ich werde Ihnen helfen, sie zu tragen.

FRAU HOFFMAN Das ist nett von dir. Ich freue mich, dass Albert mit seinem Mitbewohner Deutsch sprechen kann. Wie lange lebst du schon in Freiburg?

DAVID Ich lebe seit fünf Jahren in Freiburg. Dies ist mein letztes Semester hier und dann gehe ich zurück nach Berlin um zu arbeiten.

ALBERT Was studierst du an der Universität?

DAVID Medizin. Ich möchte **Kinderarzt** werden.

FRAU HOFFMAN Großartig. Also, du musst auch in der **Universitätsklinik** arbeiten, oder?

DAVID Genau. Ich arbeite nur dienstags und donnerstags. Und du, Albert? Was studierst du an der Universität?

ALBERT Ich studiere **Geschichte** an der Columbia University in New York.

DAVID Ich liebe New York. Ich war schon zweimal dort, aber ich weiß nichts über seine Geschichte. Vielleicht kannst du **mir irgendwann mehr erzählen**? Wurdest du dort geboren?

ALBERT Ja, ich war, aber meine Mutter war es nicht. Sie wurde in Freiburg geboren.

DAVID Großartig. Sie sind ein echter **Bobbele**.

FRAU HOFFMAN Ja, ich bin im St. Josefskrankenhaus geboren. Vor einundzwanzig Jahren natürlich!

Vocabulaire

Aufzug - Ascenseur
Glücklicherweise - Heureusement
Treppe - Escalier
in der Nähe - proche
Flohmarkt - Marché aux puces
abzusperren - enfermer
wütend - en colère
wette - pari
Schlüssel - Clé
dachte - pensée
Gott sei Dank - Dieu merci
Schlösser - Serrures
ersetzen - remplacer
Eigentlich - Réellement
Haftpflichtversicherung - Assurance responsabilité civile
beantragen - poser sa candidature

werde ich beruhigt sein - Je serai rassuré
Erinnere mich daran - Rappelle moi ça
Versicherungsgesellschaft - Compagnie d'assurance
Bitte, nach Ihnen - S'il vous plaît, après vous
Etage - Sol
Stock - Sol
Mitbewohner - Colocataire
Kinderarzt - Pédiatre
Universitätsklinik - Hôpital universitaire
Geschichte - Récit
mir irgendwann mehr erzählen - dis-moi plus à un moment donné
Bobbele - Une personne née à Fribourg

Chapitre 2

Die Wohnungstour

David öffnet die Wohnungstür und beginnt, Albert und seine Mutter durch die Wohnung zu führen.

DAVID Willkommen in unserer Wohnung. Sie können Ihre **Mäntel** dort hängen und Ihre Schuhe in den **Schuhregal** legen.

FRAU HOFFMAN Gute Idee. Wenn ihr seine Schuhe auszieht, bevor ihr in die Wohnung kommt, bleibt der Boden sauber und ihr musst nicht so oft **wischen**.

DAVID Sie haben Recht. Ich hasse es, den Boden zu putzen.

FRAU HOFFMAN Und du hast hier auch ein Paar **Hausschuhe**. **Gehören** sie dir oder für Gäste?

DAVID Die Blauen gehören mir. Bitte nehmen Sie ein Paar der anderen, wenn Ihre Füße kalt sind.

ALBERT Die anderen sehen mir zu klein aus. Ich werde einfach in meine Socken gehen.

DAVID Du kannst ein Paar für ein paar Euro kaufen. Lass mich dich in der Wohnung zeigen. Das hier ist die Küche. Wir haben eine **Mikrowelle**, einen Ofen und einen Kühlschrank. **Das oberste Regal des Kühlschranks** gehört mir und das untere Regal gehört dir. Ich werde dir zeigen, wie du die **Geschirrspülmaschine** später benutzen kannst, wenn er voll ist.

ALBERT Gut, ich muss kein Geschirr mit der Hand abwaschen. Wie oft musst du es **anziehen**?

DAVID Normalerweise zweimal pro Woche. Mehr wenn wir feiern oder Freunde zum Abendessen kommen. Wir haben viele **Teller und Besteck**, so dass es kein Problem ist, wenn wir es vergessen. Auf der anderen Seite der Halle ist die Toilette mit Dusche. Das hier ist das Wohnzimmer.

ALBERT Es sieht sehr schön aus und von hier aus hat man einen schönen **Blick auf den Wald**.

DAVID Ja, ich sitze gerne auf dem Balkon und trinke bei schönem Wetter eine Tasse Kaffee.

ALBERT Wie ist das Sofa? Ist es **gemütlich**?

DAVID Ja, es sieht etwas **veraltet** aus, aber es ist bequem. Es ist eigentlich ein Schlafsofa. Ideal für Freunde und **Verwandte**.

ALBERT Ah gut. Und mir wurde gesagt, dass die Wohnung Kabelfernsehen hat. Ist das richtig?

DAVID Viele englische und amerikanische Serien und Filme werden hier im Fernsehen **ausgestrahlt**, aber alle sind nur in deutsch **verfügbar**.

ALBERT Schade.

FRAU HOFFMAN Du wirst zu **beschäftigt** sein zu lernen und neue Freunde zu treffen, um fernzusehen.

ALBERT Das stimmt. Ich kann **trotzdem** Programme auf meinem Laptop anschauen. David, kannst du mir helfen, mich mit dem WLAN zu **verbinden**?

DAVID Sicher. Der Netzwerkname ist Netzgear 3000 und das Passwort ist **Wackeldackel** aber mit **Zahlen und Buchstaben**.

ALBERT Haha, cool. Ich liebe diese Hunde. Ich habe eins in meinem Auto. Wie buchstabiert man das?

DAVID Großbuchstaben W und dann 4-c-k-3-l-d-4-c-k-3-l.

ALBERT Ok, danke. Ich bin auf meinem Handy verbunden. Ich werde später auf meinem Laptop verbinden.

DAVID Oh, ich sollte dir sagen, dass das Telefon neben dem **Spiegel** im Flur nur mit einer Telefonkarte telefonieren kann.

ALBERT Kein Problem. Ich werde es trotzdem nicht benutzen. Ich kann die Apps auf meinem **Handy** verwenden, wenn ich mit jemandem chatten muss.

DAVID Endlich ist das mein Schlafzimmer da drüben. Du bist in Zimmer Nummer zwei. Die letzte Tür links.

ALBERT Und wo kann ich meine Kleidung waschen? Gibt es eine Waschmaschine?

DAVID Die Waschmaschine und der **Trockner** sind im Keller. Ich zeige es dir später. Ist das in Ordnung?

ALBERT Ja, ich habe noch keine **schmutzige** Kleidung.

DAVID Machen Sie sich zu Hause. Bitte entschuldigen Sie, ich habe morgen einen wichtigen Test, für den ich lernen muss. Es war sehr schön, Sie zu treffen, Frau Hoffman. Bis später, Albert.

ALBERT Danke, David. Bis später. Mama, lass uns die Taschen in mein Zimmer bringen.

FRAU HOFFMAN Dein Zimmer ist schön. Ein Bett, ein Kleiderschrank, ein Schreibtisch und ein Stuhl. Was brauchst du mehr?

ALBERT Vielleicht eine **Kommode**. Oh, Moment mal, im Schrank sind einige **Schubladen**.

FRAU HOFFMAN Gut. Also legst du deine Unterwäsche und T-Shirts in die Schubladen und hängst deine Hemden und Hosen auf, damit du sie nicht **bügeln** musst.

ALBERT Es gibt nicht genug **Kleiderbügel**, also werde ich meine Hose auch in eine der Schubladen mit meinen Shorts stecken.

FRAU HOFFMAN Du solltest zuerst die Schubladen abwischen, bevor du irgendwelche Kleidungsstücke hinein liegst.

ALBERT Sie sehen schon sauber genug aus. Lass uns einfach anfangen zu **entpacken**.

FRAU HOFFMAN Ok. Hier sind deine T-Shirts und Poloshirts. Ich werde deine **Hemden** aufhängen.

ALBERT Danke. Ich werde alles andere **wegräumen**. Siehst du einen guten Platz für mein Gepäck?

FRAU HOFFMAN Wie wäre es unter dem Bett? Es sieht so aus, als würde es passen.

ALBERT Gute Idee.

FRAU HOFFMAN Hier habe ich dir ein **Einweihungsgeschenk** gekauft. Es ist nur ein Bademantel.

ALBERT Du musstest mir nichts kaufen. Ich danke dir sehr.

FRAU HOFFMAN Ich weiß, ich muss nicht. Ich wollte. Du bist mein Sohn.

ALBERT Ich liebe es. Es ist sehr nützlich; besonders bis das wärmere Wetter **hereinkommt**.

FRAU HOFFMAN Genau. Kannst du mir sagen wie spät es jetzt ist?

ALBERT Es ist halb drei. Wann triffst du Onkel Herbert?

FRAU HOFFMAN Wir haben eine Reservierung um 17 Uhr. Ich werde ihn anrufen, wenn ich im Restaurant bin. Ich würde gerne ein Geschenk für ihn kaufen, also werde ich jetzt gehen.

ALBERT Ok, sag Onkel Herbert, ich habe hallo gesagt.

FRAU HOFFMAN Ich werde. Hier ist etwas Geld, um Abendessen für dich und David zu kaufen. Er sollte die besten Restaurants in der Stadt kennen. Komm, gib mir eine **Umarmung**.

ALBERT Danke. Vielleicht hat er Pläne, aber ich werde ihn fragen. Bis später.

Vocabulaire

Mäntel - Manteaux
Schuhregal - Étagère à chaussures
wischen - essuyer
Hausschuhe - Chaussons
Gehören - Appartenir
Mikrowelle - Four micro onde
Das oberste Regal des Kühlschranks - L'étagère supérieure du réfrigérateur
Geschirrspülmaschine - Lave-vaisselle
anziehen - mettez
Teller und Besteck - Assiettes et couverts
Blick auf den Wald - Vue de la forêt

gemütlich - confortable
veraltet - dépassé
Verwandte - Relatif
ausgestrahlt - aéré
verfügbar - disponible
beschäftigt - occupé
trotzdem - Néanmoins
verbinden - relier
Wackeldackel - Bobble Head Dog
Zahlen und Buchstaben - Chiffres et lettres
Spiegel - Miroir
Handy - Téléphone intelligent
Trockner - Séchoir
schmutzige - sale
Machen Sie sich zu Hause - Fais comme chez toi
Kommode - Commode
Schubladen - Tiroirs
bügeln - le fer
Kleiderbügel - Cintre
entpacken - déballer
Hemden - Chemises
wegräumen - dégagez le passage
Einweihungsgeschenk - Cadeau de pendaison de crémaillère
hereinkommt - entre
Umarmung - Étreinte

Chapitre 3

Die Straßenbahn

Später am Tag sprechen Albert und David in der Wohnung.

DAVID Ist alles in deinem Zimmer in Ordnung?

ALBERT Das Fenster ist **kaputt**. Ich kann es nicht öffnen.

DAVID Ja, ich weiß. **Mir wurde gesagt**, dass es **bald** repariert wird.

ALBERT Und ich möchte ein extra **Kissen** haben. Wo kann ich ein kaufen?

DAVID Einige **Geschäfte** in der Innenstadt verkaufen Kissen, aber sie sind ein bisschen teuer.

ALBERT Es ist schon acht Uhr. Sind die Geschäfte noch offen?

DAVID Leider nicht. Sie schließen um acht Uhr. Wenn du noch Zeit hast, gehe zu IKEA. Sie haben viele **Bettwäsche** und andere Haushaltswaren für gute Preise.

ALBERT Ich habe noch nie etwas von IKEA gekauft. Wie komme ich dorthin?

DAVID Ich möchte auch etwas von dort kaufen, damit wir zusammen gehen können. Ich brauche eine neue **Schreibtischlampe**. Morgen ist Sonntag und alle Geschäfte sind geschlossen, also werden wir nächste Woche gehen. Vielleicht Mittwochabend.

ALBERT Die Geschäfte schließen sonntags? Was ist, wenn man etwas kaufen muss?

DAVID Am Hauptbahnhof gibt es Geschäfte und Bäckereien, die sonntags geöffnet sind. Ich gehe manchmal hin, wenn ich vergessen habe, Milch zu kaufen, und alle anderen Läden sind geschlossen. Oder wenn ich Chips oder Schokolade kaufen möchte, um eine DVD anzuschauen.

ALBERT Gut zu wissen.

DAVID Apropos Snacks, ich habe Hunger. Lass uns essen gehen.

ALBERT Gute Idee. Wo sollen wir essen? In einem Restaurant?

DAVID Wir werden zum Abendessen in die Markthalle gehen.

Albert und David verlassen die Wohnung und laufen zur Straßenbahnhaltestelle.

ALBERT Servieren sie dort **vegetarisches Essen**?

DAVID Ja, natürlich. Es gibt viele **verschiedene Küchen** aus der ganzen Welt.

ALBERT Ausgezeichnet. Verkaufen sie Bier? Ich freue mich auf mein erstes deutsches Bier in Deutschland.

DAVID Ich werde dir dein erstes Bier kaufen. Trinken Sie lieber **helles oder dunkles Bier**?

ALBERT Ich habe keine Vorliebe. Wenn du ein Lieblingsbier hast, werde ich es versuchen.

DAVID Es gibt ein **Hefeweizen Bier**, das ich mag. Es ist hier in Freiburg gemacht. Es ist auch im Supermarkt verkauft, wenn du zu Hause trinken möchtest.

ALBERT Klingt gut. Ich würde es gerne frisch probieren, bevor ich es zuhause versuche. Gehst du oft aus?

DAVID Nicht so oft. Manchmal gehe ich mit Freunden ins **Kino** oder wir essen etwas in den Wohnungen der anderen. Ich kann es mir nicht **leisten**, viel zu trinken.

ALBERT Ich gehe in New York überhaupt nicht trinken. Ich bin noch nicht einundzwanzig, also darf ich noch keinen Alkohol in Bars trinken.

DAVID Es ist einfacher für dich, dort Geld zu **sparen**. Wann hast du **Geburtstag**?

ALBERT Ich werde am neunundzwanzigsten April einundzwanzig sein.

DAVID Ah, damit du trinken kannst, wenn du nach deinem Semester hier in New York bist.

ALBERT Ja, aber ich denke, es wird sehr teuer sein, in New York zu trinken. Alles dort kostet viel Geld. Wie alt bist du?

DAVID Ich bin vierundzwanzig. Mein Geburtstag war im Januar. Der elfte.

ALBERT Hast du zu deinem Geburtstag etwas Besonderes gemacht?

DAVID Nichts Besonderes. Ich habe nur zu Hause mit meiner Familie und Freunden zu Abend gegessen. Es war ein bisschen **langweilig**. Wir müssen eine Party für deinen einundzwanzigsten haben.

ALBERT Sicher. Kann nicht warten. Kommt unsere Straßenbahn jetzt?

DAVID Ja, das ist unsere Straßenbahn. Das Gute ist, dass die Straßenbahn sehr **häufig** ist, so dass man nie lange warten muss.

Albert und David unterhalten sich in der Straßenbahn.

ALBERT Oh, ich habe vergessen, ein Ticket zu kaufen, bevor wir stiegen. Werde ich **erwischt** und muss eine **Strafe** zahlen?

DAVID Keine Panik. Du kaufst Fahrkarten in der Straßenbahn vom Fahrkartenautomat. Du solltest ein Semesterticket kaufen, weil es billiger ist, als jedes Mal ein Einzelticket zu kaufen, und du kannst damit auch außerhalb der Stadt reisen.

ALBERT Oh wow, es lohnt sich wirklich.

DAVID Aber du kannst es erst kaufen, wenn du am Montag deinen Studentenausweis zur Orientierung hast. Fürs Erste, hol dir ein Einzelticket. Hier zeige ich dir, wie du es kaufen kannst. Drück hier für das Einzelticket. Bezahlst du mit **Bargeld** oder mit Karte?

ALBERT Ich werde meine Karte versuchen. Wenn es nicht funktioniert, werde ich bar bezahlen. Also, ich füge meine Karte hier ein? Wo gebe ich die PIN-Nummer ein?

DAVID Auf der **Tastatur**, hier. Das Ticket wird gedruckt und erscheint unten. Vergiss deine **Quittung** nicht.

ALBERT Oh, ich verstehe. Ich **behalte** lieber das Ticket in meiner Brieftasche, damit ich es nicht verliere.

DAVID Entschuldigung. Ist dieser Platz frei?

PASSAGIER Ja, bitte setzen Sie sich.

DAVID Danke. Du nimmst den Fensterplatz, so dass du etwas von der Stadt sehen kannst, während wir fahren.

ALBERT Ok, danke. Wie viele Haltestellen bis wir aussteigen?

DAVID Nur sechs Haltestellen. Die Fahrt nach Bertoldsbrunnen in der Innenstadt dauert etwa zehn Minuten.

ALBERT Das ist wirklich nicht weit. Die **U-Bahn** in New York ist schnell, aber es dauert immer noch eine **Ewigkeit**, um dorthin zu kommen, wo du hingehst. Und es gibt nichts zu sehen aus dem Fenster.

DAVID Die Straßenbahn ist hier bequem und sauber. Sie läuft auch am Wochenende für Leute, die von den Kneipen und Klubs nach Hause fahren.

ALBERT Vielleicht werden wir es brauchen, wenn wir lange **ausbleiben**.

DAVID Morgen habe ich keine Pläne.

ALBERT Seht, ob wir das erste Bier **genießen** und dann entscheiden wir uns.

Vocabulaire

kaputt - cassé
Mir wurde gesagt - on m'a dit

bald - bientôt
Kissen - Oreiller
Geschäfte - Entreprises
Bettwäsche - Draps de lit
Schreibtischlampe - Lampe de bureau
Gut zu wissen - Bon à savoir
Apropos - En parlant de
vegetarisches Essen - la nourriture végétarienne
verschiedene Küchen - différentes cuisines
Ausgezeichnet - Excellent
helles oder dunkles Bier - bière légère ou brune
Hefeweizen Bier - Bière de blé
Klingt gut - Ça m'a l'air bien
Kino - Cinéma
leisten - Offrir
sparen - épargner
Geburtstag - Anniversaire
langweilig - ennuyeuse
häufig - fréquemment
erwischt - Pris
Strafe - Une amende
Bargeld - En espèces
Tastatur - Clavier
Quittung - Le reçu
behalte - garder
U-Bahn - Métro
Ewigkeit - Éternité
ausbleiben - reste dehors
genießen - prendre plaisir

Chapitre 4

Das erste Bier

Albert und David kommen in der Markthalle an, aber es gibt ein Problem.

DAVID Das ist die Markthalle.

ALBERT Sehr cool. Ich wäre direkt am Eingang **vorbeigegangen**, wenn du mir nicht gesagt hättest, dass es hier ist.

DAVID Ja, von außen ist es nicht **offensichtlich**. Lass uns durchgehen und sehen, was wir essen wollen.

ALBERT So viele Möglichkeiten. Alles riecht gut. Ich weiß nicht, ob ich mich nur für eine Sache entscheiden kann.

DAVID Dann hol viele **Kleinigkeiten**.

ALBERT Gibt es einen Tisch für uns zu sitzen?

DAVID Nein, der **Sitzbereich** ist total voll. Keine gute Zeit, hierher zu kommen. Wir müssen auf einen Tisch warten.

ALBERT Lass uns ein anderes Restaurant finden.

DAVID Ich kenne einen Ort in der Nähe. Ich denke ihr **Flammkuchen** ist einer der Besten in Freiburg. Sehr **knusprig** und super **käsig**.

ALBERT Was ist ein Flammkuchen? Ist das ein traditionelles Freiburger **Gericht**?

DAVID Es kommt aus dem **Elsass**. Sie können es in den meisten Städten in der Nähe wie Straßburg und Colmar bestellen. Es ist ein bisschen wie eine Pizza, aber mit einer sehr dünnen Basis, weiße Sauce und in der Regel mit Käse und Speck **gekrönt**, aber du kannst verschiedene **Beläge** bestellen.

ALBERT Das klingt köstlich. Ich möchte das versuchen. Lass uns gehen.

Albert und David kommen im Restaurant an.

DAVID Es sieht innen zu **beschäftigt** aus. Wir müssen draußen sitzen. Ist das in Ordnung?

ALBERT Ja, das ist in Ordnung. Es ist heute Abend nicht so kalt wie ich dachte.

DAVID Dieser Bereich ist durch die **umliegenden** Gebäude vor dem Wind geschützt. Plus, sie haben die Heizungen auf der Außenseite. Schau, dort ist ein Tisch.

ALBERT Schnell, nimm es, bevor jemand anderes kommt.

DAVID Ah perfekt. Direkt unter der Heizung und eine tolle Aussicht auf die Straße, um Leute **vorbeiziehen** zu sehen. Hier, nimm eine **Speisekarte**.

ALBERT Danke. Dieser Ort ist wirklich nett. Ich bin noch nicht an den **Wechselkurs** gewöhnt. Sind die Preise hier gut?

DAVID Ja, sehr fair. Du wirst voll sein von dem, was du bestellst.

ALBERT Ich möchte den Flammkuchen probieren, aber ich esse nicht gerne viel Fleisch, also bestelle ich einen ohne Speck.

DAVID Du musst der Speisekarte nicht folgen. Sie können jedes der Gerichte ohne Fleisch bestellen.

KELLNERIN Guten Abend. Möchten Sie zuerst etwas zu trinken bestellen?

DAVID Wir würden gerne etwas zum Essen und Trinken bestellen. Zum trinken, bitte zwei Gläser Ganter Hefeweizen. Um zu essen, möchte ich die **hausgemachte** Suppe und den Salat.

KELLNERIN Und für Sie?

ALBERTICH esse gerne den Flammkuchen mit nur **Zwiebeln**.

KELLNERIN Möchten Sie noch etwas?

ALBERT Nein. Das ist alles, danke.

KELLNERIN Kein Problem. Alles kommt **sofort**.

ALBERT Wo ist die Toilette?

KELLNERIN Direkt unter der **Treppe** dort drüben.

ALBERT Vielen Dank.

KELLNERIN Gern geschehen.

Albert kommt wieder am Tisch an. Die Getränke sind schon angekommen. Sie beginnen, über die Familien der anderen zu diskutieren.

DAVID Glückwunsch zu deinem ersten Bier in Deutschland und zu deinem ersten legalen Bier. **Prost!**

ALBERT Prost!

DAVID Was denkst du? Magst du es?

ALBERT Es ist ein bisschen **komisch**. Ich glaube, ich bin es nicht gewohnt, Bier zu trinken. Ich bin sicher, ich werde es mögen, bevor ich den **Boden** des Glases erreiche.

DAVID Warum ist deine Mutter nach Amerika gezogen?

ALBERT Sie hat meinen Vater in New York getroffen, als sie im **Urlaub** war. Seine Eltern sind Deutsche, aber er ist in Amerika geboren und **aufgewachsen**. Sie blieben in Kontakt und besuchten sich oft. Nachdem sie geheiratet hatten, **beschlossen** sie, in Amerika zu bleiben und eine Familie zu **gründen**.

DAVID Hast du Brüder und Schwestern?

ALBERT Nein, ich bin ein **Einzelkind**. Und du?

DAVID Ich habe einen älteren Bruder und zwei jüngere Schwestern. Sie leben immer noch in Berlin, kommen aber oft zu Besuch. Hast du **Verwandte** in Freiburg?

ALBERT Ich habe einen Onkel an der Seite meiner Mutter. Er hat zwei Töchter; meine Cousinen. Sie sind 19 und 26 und beide leben noch in Freiburg. Ich bin sicher, du wirst sie treffen, wenn sie mich in unserer Wohnung besuchen.

DAVID Sind sie **hübsch**?

ALBERT Natürlich! Jeder ist meine Familie sieht gut aus. Aber die Ältere ist bereits verheiratet und hat einen 5-jährigen Sohn und eine 9 Monate alte Tochter. Die Jüngere ist ein Erstsemester an der Universität. Du hast sie vielleicht sogar auf dem Campus gesehen.

DAVID Wie sieht sie aus?

ALBERT Sie ist ziemlich kurz mit blauen Augen und langen blonden Haaren, aber sie hätte es **einfärben** und kurz **schneiden** können. Ich bin mir sicher, dass viele Mädchen zu dieser **Beschreibung** passen. Ich habe ein Foto auf meinem Handy. Warte, und ich werde es dir zeigen.

DAVID Wow, ja. Sie ist schön!

ALBERT Und hier ist ein Foto von meiner anderen Cousine mit ihren Kindern.

DAVID Sie ist auch sehr hübsch. Lass mich dir ein Foto meiner **Geschwister** zeigen. Dieser hier ist Laura. Sie kommt nächsten Monat für ein paar Tage zu Besuch.

ALBERT Sehr süß. Ich freue mich darauf, sie zu treffen. Ist sie single?

Vocabulaire

vorbeigegangen - passé par
offensichtlich - évident
Kleinigkeiten - Petites choses
Sitzbereich - Salon
Flammkuchen - Tarte flambée
knusprig - croustillant
käsig - ringard
Gericht - Plat
Elsass - Alsace

gekrönt - surmonté
Beläge - Garnitures
beschäftigt - occupé
umliegenden - alentours
vorbeiziehen - passer à côté
Speisekarte - Menu
Wechselkurs - Taux de change
hausgemachte - maison
Zwiebeln - Oignons
sofort - immédiatement
Treppe - Escalier
diskutieren - pour discuter
Glückwunsch - Toutes nos félicitations
Prost - À votre santé
komisch - drôle
Boden - Bas
Urlaub - Vacances
aufgewachsen - grandi
beschlossen - décidé
gründen - établir
Einzelkind - Enfant célibataire
Verwandte - Relatif
hübsch - joli
einfärben - teint
schneiden - Couper
Beschreibung - La description
Geschwister - Frères et soeurs

Chapitre 5

Das deutsche Mädchen

Albert und David genießen das Abendessen, als sie zwei Frauen auf Deutsch mit amerikanischen Akzenten sprechen hören.

DAVID Du hast also keine Freundin in New York?

ALBERT Nein. Ich habe ein paar Monate lang jemanden gesehen, aber sie ist nach Kalifornien gezogen, um an der Stanford Universität zu studieren. Also haben wir uns getrennt. Ihr **Traum** ist es, im Silicon Valley zu arbeiten.

KELLNERIN Ist alles in Ordnung?

DAVID Nein, die Suppe ist nicht heiß genug.

KELLNERINES tut mir leid. Lass mich es **aufheizen**. Ich werde es gleich zurückbringen.

DAVID Dankeschön.

Du solltest mit einigen lokalen **Mädchen** sprechen. Die Mädchen neben uns klingen amerikanisch, oder?

ALBERT Ich denke du hast Recht, **obwohl** ich nicht sagen kann, aus welchem Staat sie kommen.

DAVID Ich werde mich vorstellen.

ALBERT Mach es. **Viel Glück**.

DAVID Danke, das brauche ich.

Entschuldigung, seid ihr Amerikanerinnen?

MADDIE Ja, wir sind Amerikanerinnen. Ich komme aus Boston und Lena kommt aus Florida. Bist du auch Amerikaner?

DAVID Nein, ich bin Deutscher, aber mein Freund Albert kommt aus New York. Möchtet ihr mit uns trinken?

MADDIE Sicher. Wir haben bald eine Freundin, die zu uns kommt, also sollten wir einen Stuhl **freilassen**, wenn sie kommt.

DAVID Kein Problem. Mein Name ist David. Wie heißt du?

MADDIE Ich bin Madison, aber die Leute **nennen** mich Maddie.

DAVID Hallo Maddie. Und ich weiß, dass du Lena bist. Hallo.

ALBERT Falls du es nicht gehört hast, ich bin Albert. Es freut mich, euch kennenzulernen.

LENA Gleichfalls. Was machst du hier in Freiburg? Reist du einfach?

ALBERT Nein, ich studiere hier für das Semester an der Universität. Ich lerne etwas über die lokale Geschichte und versuche, mein **schreckliches** Deutsch zu verbessern.

MADDIE Dein Deutsch ist wirklich gut. Es ist **lustig**, dass wir englische Muttersprachler sind und trotzdem sitzen wir hier und sprechen Deutsch.

DAVID In Rom, wie sie sagen. Also, was macht ihr dann zwei?

MADDIE Wir arbeiten als Au-Pair-Mädchen für zwei lokale Familien. Für mich ist es eine Chance, durch Europa zu reisen und **gleichzeitig** Geld zu verdienen. Das ist nichts, was ich für **den Rest meines Lebens** tun möchte.

LENA Das Gleiche gilt für mich. Ich liebe Reisen und ich wollte immer mit Kindern arbeiten. Ich werde bald meinen Job **aufgeben** und wieder an die Universität gehen, um dort zu unterrichten.

DAVID Warum hast du dich **entschieden**, nach Deutschland zu kommen?

LENA Mein Vater kommt aus München und er hat mir Deutsch **beigebracht**, seit ich jung war, also wusste ich, dass ich irgendwann nach Deutschland kommen würde, um zu leben und zu arbeiten. Ah, hier kommt Natascha. Natascha!

NATASCHA Hey Leute!

LENA Das sind unsere neuen Freunde. Das ist David aus Berlin und Albert aus New York.

NATASCHA Schön euch kennenzulernen.

MADDIE Du kannst neben Albert sitzen und ihm alles über Freiburg erzählen. Er ist gerade heute angekommen.

NATASCHA Oh, wie schön. Herzlich willkommen in Freiburg.

ALBERT Danke. Es ist schön hier zu sein. Hast du lange hier gelebt?

NATASCHA Nur mein ganzes Leben. **Abgesehen** von meinem jährlichen Familienausflug nach Bodensee habe ich Freiburg nie verlassen.

ALBERT Oh, ich verstehe. Du musst es hier lieben.

NATASCHA Ich liebe es wirklich. Aber es war schon immer mein Traum, in New York City zu leben.

*Albert und Natascha unterhalten sich weiterhin privat, während die anderen drei **miteinander** reden.*

NATASCHA Und ich liebe Filme wirklich. Ich gehe **mindestens** einmal im Monat ins Kino.

ALBERT Ich liebe Filme auch. Gehst du normalerweise mit deinem Freund?

NATASCHA Nein, nur mit Freunden. Und ich habe keinen Freund. Was **denkt** deine Freundin davon, dass du für ein Semester im Ausland studierst?

ALBERT Ich habe keine Freundin. Wenn ich einen hätte, glaube ich nicht, dass ich sie für drei Monate verlassen würde.

NATASCHA Oh, also bist du ein romantischer Typ?

ALBERT Ich denke gerne, dass ich es bin.

NATASCHA Meine Mutter hat mich vor Leuten wie dir gewarnt.

ALBERT Warum? **Was ist los mit** Romantik? Ich bin sicher, ich kann sie davon **überzeugen**, dass ein bisschen Romantik in Ordnung ist.

NATASCHA Sie scherzt, dass ich mich in jemanden verlieben werde und mit ihm davonlaufen will. Ich glaube, sie möchte, dass ich für immer zu Hause lebe. Ich glaube nicht, dass du eine Chance hast, sie zu überzeugen. Aber du könntest mit meinem Vater befreundet sein. Er liebt es, Englisch mit Amerikanern zu sprechen. **Jedenfalls** muss ich morgen früh aufstehen, also sollte ich gehen.

ALBERT Vielleicht können wir uns wieder treffen und du kannst mir mehr über deine Familie erzählen. Wenn du Zeit hast, möchtest du am nächsten Samstag mit mir zu Mittag essen?

NATASCHA Nur wir zwei? Sicher, aber ich kann nicht zu Mittag essen. Ich bin bis zum Abend beschäftigt.

ALBERT Wann bist du dann frei?

NATASCHA Ich bin nach 19 Uhr frei.

ALBERT Ok, ich werde dich um 20 Uhr in Bertoldsbrunnen treffen. Ist das okay für dich?

NATASCHA Ja, das ist **in Ordnung**. Es ist spät. Ich muss gehen. Dann bis Samstagabend.

ALBERT Ich freue mich darauf. Bis Samstagabend.

Vocabulaire

Traum - Rêver
aufheizen - chauffer
Mädchen - Fille
obwohl - bien que
Viel Glück - Bonne chance

freilassen - garder libre
nennen - être nommé
Gleichfalls - également
schreckliches - terrible
lustig - drôle
gleichzeitig - simultanément
den Rest meines Lebens - le reste de ma vie
Das Gleiche gilt für mich - La même chose est vraie pour moi
aufgeben - abandonner
entschieden - décidé
beigebracht - enseigné
Abgesehen - Une part
miteinander - ensemble
mindestens - au moins
denkt - pense
Was ist los mit - Qu'est-ce qui ne va pas chez
überzeugen - convaincre
Sie scherzt - Elle plaisante
Jedenfalls - Dans tout les cas
in Ordnung - D'accord
Ich freue mich darauf - J'attends cela avec impatience

Chapitre 6

Die Orientierung

*Albert ist an der Universität und fragt **Passanten** nach dem Weg zur Orientierung.*

ALBERT Entschuldigung. Ich versuche, Orientierung für neue Studenten zu finden. Wissen Sie, wo das ist?

ALTER MANN Es tut mir leid, ich bin kein Student hier. Ich kam nur um die Toilette zu benutzen.

ALBERT Ah, ok. Danke trotzdem.

Entschuldigung. Weißt du wo die Orientierung ist?

JUNGE FRAU Ja, ich war nur selbst da. Du gehst **geradewegs** durch diese Halle und dann die Treppe hoch auf der linken Seite.

ALBERT Die Treppe am Ende der Halle oder die erste Treppe, zu der ich komme?

JUNGE FRAU Die Treppe am Ende. Wir können zusammen gehen, wenn du möchtest?

ALBERT Nein, nein. Ich will dich nicht **stören**. Danke für deine Hilfe, ich denke ich kann den Weg finden.

JUNGE FRAU Kein Problem. Wenn du dich **verirrst**, frage jemanden, der ein **Namensschild** trägt.

Albert kommt zur Orientierung und trifft ein paar Studenten, die neuen Studenten bei der Registrierung helfen.

ALBERT Entschuldigung, soll ich mich hier für meinen Studentenausweis und Internetzugang **anmelden**?

SABINE Ja, ist es. In welcher Fakultät wirst du sein?

ALBERT Ich bin **Austauschstudent** für dieses Semester. Ich studiere Geschichte. Mein Name ist Albert Hoffman.

SABINE Hallo Albert. Ich bin Sabine. Und das ist Erich. Ich werde deinen Internetzugang **einrichten** und Erich hilft dir bei der **Abholung** deines Studentenausweises.

ERICH Hallo Albert. Folge mir und wir werden dein Foto für den Studentenausweis machen. Also studierst du Geschichte? In welchem Jahr bist du?

ALBERT Das ist mein zweites Jahr, aber ich bin nur für dieses Semester hier.

ERICH Oh wirklich? Ich studiere Geschichte in meinem zweiten Jahr auch. Wir werden in vielen der gleichen **Vorträge** zusammen sein.

ALBERT Oh, gut. Studierst du gerne hier? Ist es eine nette Universität?

ERICH Ich liebe es. Es gibt eine tolle **Atmosphäre** und die Kurse sind sehr interessant. Ich werde dich später einigen unserer **Kommilitonen** vorstellen.

ALBERT Aber ich dachte, **Vorlesungen** beginnen erst nächste Woche?

ERICH Das stimmt, aber einige von uns sind schon in der Stadt, also essen wir zusammen zu Mittag.

ALBERT Klingt gut.

ERICH Ok, hier bekommst du dein Foto gemacht. Du stellst dich hier an und gibst dem Fotografen dein Anmeldepapier. Ich warte dort drüben. Dort holst du deinen Studentenausweis ab.

ALBERT Wird es lange dauern, um den Studentenausweis zu bekommen?

ERICH Nein, es ist fast **augenblicklich**. Du wirst in ein paar Minuten fertig sein. Es ist sehr schnell.

FOTOGRAF Darf ich bitte Ihr Anmeldepapier haben?

ALBERT Sicher. Hier ist es.

FOTOGRAF Ok, stehen Sie da drüben hinter der blauen Linie und schauen Sie in die Kamera, während ich Ihre Registrierungs-ID **eingebe**.

ALBERT Was für eine blaue Linie? Oh, ich sehe sie. Haben Sie einen Spiegel?

FOTOGRAF Ja, da ist einer **zu Ihrer Rechten**.

ALBERT Oh, ich bin froh, dass ich nachgesehen habe. Meine Haare sehen **furchtbar** aus. Es ist ein bisschen windig draußen.

FOTOGRAF Sind Sie bereit? Jetzt werde ich Ihr Foto machen. 1 ... 2 ... 3 ... **lächle**! Ok, Ihr Studentenausweis erscheint in wenigen Sekunden am **Drucker**.

ALBERT Gerade hier? Ah, hier ist es. Vielen Dank.

ERICH Du solltest **überprüfen**, ob die Details auf der Karte korrekt sind.

ALBERT Alles sieht gut aus. Obwohl ich wünschte, ich könnte das Foto neu aufnehmen.

ERICH Mach dir keine Sorgen, niemand mag das Foto auf seinem Studentenausweis. Du solltest den auf meinem Führerschein sehen. Es sieht so aus als würde ich gleich **niesen**.

ALBERT Haha, vielleicht ist mein Foto dann doch nicht so schlecht.

ERICH Lass uns zurück zu Sabine gehen und deinen Internet-Benutzernamen und dein temporäres Passwort bekommen.

ALBERT Ok, klar.

ERICH Sabine, ist Alberts Internetzugang bereit?

SABINE Ja, alles bereit für dich Albert. Bitte schön. Dies ist dein Benutzername und dein temporäres Passwort. Du kannst das Passwort bei der ersten Anmeldung ändern.

ALBERT Großartig, danke. Stört es dich, wenn ich mich jetzt anmelde und mein Passwort ändere? Ich möchte es nicht **woanders** versuchen und dann wiederkommen, um es zu reparieren.

SABINE Setz dich. Lass mich schnell ausloggen und dann kannst du dich auf meinem Computer einloggen.

ALBERT Ok, also Benutzername. Und dann Passwort. Neues Passwort. Neues Passwort **erneut** eingeben. Eingeben. Ok, ich bin dabei. Vielen Dank. Du kannst deinen Computer wieder zurück haben. Entschuldige die **Umstände**.

SABINE Kein Problem. Logge dich einfach aus, damit ich mich wieder einloggen kann.

ERICH Jetzt bist du fertig. Was musst du jetzt tun?

ALBERT Ich möchte wirklich mehr vom Campus sehen, also werde ich heute morgen spazieren gehen.

SABINE Gute Idee. Hier gebe ich dir **eine Karte des Campus**, falls du dich verirrst.

ALBERT Ah, danke. Das ist sehr **nützlich**.

ERICH Und komm **ungefähr** um 12 Uhr zurück und komm mit uns zum Mittagessen.

ALBERT Ok, werde ich. Bis dann.

Vocabulaire

Passanten - Passants
geradewegs - vers le bas
stören - déranger
verirrst - Foutez le camp
Namensschild - Étiquette de nom
anmelden - se connecter
Austauschstudent - Echange étudiant
einrichten - installer
Abholung - Ramasser
Vorträge - Conférences

Atmosphäre - Vibe
Kommilitonen - Camarades
Vorlesungen - Conférences
Wird es lange dauern - Cela prendra-t-il beaucoup de temps
augenblicklich - instantanément
eingebe - entrer
zu Ihrer Rechten - à droite
furchtbar - terrible
lächle - sourire
Drucker - Imprimante
überprüfen - vérifier
Mach dir keine Sorgen - Ne t'inquiète pas
niesen - éternuer
woanders - ailleurs
erneut - encore
Umstände - Difficulté
eine Karte des Campus - une carte du campus
nützlich - utile
ungefähr - approximativement

Chapitre 7

Die neuen Freunde

Albert und seine Kommilitonen Erich, Sabine, Pierro und Julia essen gemeinsam zu Mittag und reden über ihre Lieblingsfilme.

ERICH Also, Albert, **welche Art von Filmen** magst du?

ALBERT Ich liebe **Komödien**. Mein Lieblingsfilm ist wahrscheinlich *Airplane!*. Als ich ihn das erste Mal gesehen habe, habe ich so gelacht, dass ich geweint habe.

PIERRO Oh, das ist ein **Klassiker**. Obwohl der Film in Deutschland etwas anderes heißt. Sie nennen er *Die unglaubliche Reise in einem* **verrückten** *Flugzeug*.

ALBERT Wow, so anders als der englische Name. Und sehr spezifisch auch. Was ist dein Lieblingsfilmgenre?

ERICH Ich liebe auch Komödien, aber ich **bevorzuge** Actionfilme. Alles mit **Waffen** und Explosionen.

PIERRO Ja, Explosionsszenen in Filmen sind großartig. **Je größer desto besser.**

SABINE Ach, kleine Jungs, alle lieben **dumme** Actionfilme. Es gibt keine Geschichte.

JULIA Ich stimme zu. Sie haben auch keine guten **Schauspieler**.

ERICH Zumindest passiert etwas auf dem Bildschirm. Viel besser als ein Paar, das nur zwei Stunden lang über ihre **Gefühle** spricht.

SABINE Ich habe nicht gesagt, dass ich romantische Filme mag. Nur Actionfilme sind dumm. Wenn du es wissen musst, ist mein Lieblingsfilm *Die* **Verurteilten**.

ALBERT Ich kenne das nicht. Ist er gut.

SABINE Er ist der beste Film aller Zeiten. Ich bin mir sicher, dass du ihn gesehen hast. Der Originaltitel ist *The Shawshank Redemption*.

ALBERT Ah ok. Natürlich kenne ich dieser Film. Ich denke, er ist der Liebling vieler Leute. Muss Deutschland immer den Originaltitel eines Films ändern, um die **Handlung** des Films zu beschreiben?

PIERRO Nicht immer, aber sie tun es sehr. Einige der Titel, zu denen sie sie ändern, sind **urkomisch**.

JULIA Ja, der Film *Cellular* mit Chris Evans wurde geändert in *Final Call - Wenn er* **auflegt** *muss sie sterben*.

ALBERT Wow, es hat die ganze Geschichte ziemlich **verraten**.

PIERRO Genau. Obwohl es bedeutet, dass man den Trailer nicht ansehen oder **die Zusammenfassung des Grundstücks** nicht lesen muss. Also, vielleicht ist es eine gute Sache.

ALBERT War einer von euch kürzlich im Kino? Es laufen im Moment ein paar gute Filme.

JULIA Ich war letzte Woche mit meiner Schwester, um das neue Drama von Steven Spielberg zu sehen. Er ist ein brillanter **Regisseur**.

PIERRO Regisseure bekommen zu viel Kredit. Wenn das Schreiben schlecht ist, dann ist es egal, was der Regisseur macht, er kann den Film nicht **erfolgreich** machen.

ERICH Ich stimme nicht zu. Wenn es gibt zwei Filme mit guten Autoren. Einer hat einen guten Regisseur und einer hat einen schlechten Regisseur. Dann wird es **offensichtlich** sein, welcher der bessere Film ist.

PIERRO Guter Punkt. Aber ich glaube, Schauspieler sind die wichtigsten **Faktoren**, um einen guten Film zu machen.

SABINE Ja, ich werde keinen Film schauen, wenn die Schauspielerei wirklich schlecht ist. Ich bin sogar schon einmal aus einem Film **herausgelaufen**.

ALBERT Wie heißt der Film?

SABINE Ich werde es nicht sagen, nur für den Fall, dass er dir gefällt. Ich will dich nicht **beleidigen**.

ALBERT Haha, kein Problem. Ich bin mir sicher, dass ich nicht beleidigt bin. Es gibt viele Filme, die ich mag, dass meine Freunde hassen und sich über mich lustig machen, weil ich sie mag.

PIERRO Genug über Filme. Hat jemand den Stundenplan für dieses Semester gesehen? Wir haben montags und donnerstags frei. Es ist großartig.

SABINE Glück dich. Ich habe jeden Tag **Unterricht**, sogar am Montag muss ich nur für eine Stunde Vortrag um 9 Uhr kommen, dann bin ich den Rest des Tages frei. Ich schätze, es gibt mir einen Grund, an einem Montagmorgen aufzustehen.

ALBERT Oh, ich dachte du studierst auch Geschichte?

SABINE Nein, nein. Mein **Hauptfach** ist Mathematik.

JULIA Ich liebe, dass wir zwei Tage frei haben. Aber es bedeutet, dass ich meine Arbeitszeiten ändern kann, also arbeite ich nur acht Stunden an zwei Tagen in der Woche plus das Wochenende **statt** vier Stunden pro Tag, verteilt auf vier Abende.

ERICH Arbeitest du noch im **Spielzeugladen**?

JULIA Ja. Ich arbeitete im Winter **Vollzeit**. Es war so beschäftigt mit Leuten, die verrückt nach **Weihnachtseinkäufen** waren. Es war gut, zusätzliches Geld zu bekommen.

ALBERT Habt ihr alle **Teilzeitjobs**?

PIERRO Ich habe keinen. Ich spiele Gitarre in einer Band und wir bekommen manchmal Gigs am Wochenende. Mit diesen zwei freien Tagen kann ich viel mehr üben.

JULIA Neben viel mehr lernen. Kein Kopieren mehr von meinen Notizen wie im letzten Semester. Richtig Pierro?

PIERRO Natürlich Julia. Aber deine Notizen sind immer so gut. Du solltest **geschmeichelt** sein.

ERICH Und du, Albert? Was wirst du mit diesen zwei freien Tagen machen?

ALBERT Ich habe wirklich nicht erwartet, diese freie Zeit zu haben. Ich dachte, ich wäre die ganze Zeit im Unterricht beschäftigt. Vielleicht werde ich auch nach einem Teilzeitjob suchen. Ich glaube nicht, dass ich motiviert sein werde zu lernen, wenn ich nicht zur Uni komme.

SABINE Das ist wie ich. Wenn ich nicht hier bin, dann habe ich keine Lust zu Hause zu lernen. Ich denke, mein Stundenplan ist dann besser als deins.

PIERRO Besser, wenn du ein Geek bist. Schlimmer, wenn du ein soziales Leben wie ich hast. Unser Zeitplan ist viel besser.

JULIA Hör nicht auf ihn, Sabine. Er ist nur **eifersüchtig**, dass du viel bessere **Noten** bekommst als er.

PIERRO Wer braucht gute Noten, wenn du ein internationaler Rockstar bist?

JULIA Pff, du hast nur zwei originale Songs geschrieben. Du singst meistens die Lieder anderer Bands.

PIERRO Nun, mit den zusätzlichen zwei Tagen kann ich mehr Songs schreiben. Mehr tolle Songs sollte ich sagen.

ERICH Du könntest einen Song pro Woche schreiben und vielleicht kann deine Band am Ende des Semesters ein Album **aufnehmen**.

PIERRO Genau. Und es wird ein großer Hit werden. Dann werden wir sehen, wie wichtig Noten sind.

SABINE Ok, lass uns in die Realität **zurückkehren**. Komm Erich. Wir sollten zur Orientierung zurückkehren.

ERICH Klar, Sabine. Albert, wir treffen uns am Mittwoch wieder zum Mittagessen am **Münsterplatz**, wenn du mitkommen willst?

ALBERT Klar, das klingt großartig. Ich gehe jetzt in die Bibliothek, also werde ich mit euch zurückgehen.

Vocabulaire

welche Art von Filmen - Quel genre de films
Komödien - Comédies
Klassiker - Classique
verrückten - fou
bevorzuge - préférer

Waffen - Armes
Je größer desto besser - Le plus gros le meilleur
dumme - stupide
Schauspieler - Acteur
Zumindest - Au moins
Gefühle - Sentiments
Verurteilten - Condamné
Handlung - Terrain
urkomisch - hilarant
auflegt - raccroche le téléphone
verraten - révéler
die Zusammenfassung des Grundstücks - le résumé de la parcelle
Regisseur - Réalisateur
erfolgreich - réussi
offensichtlich - évidemment
Faktoren - Facteurs
herausgelaufen - sorti
beleidigen - offenser
Unterricht - Des classes
Hauptfach - Sujet majeur
statt - au lieu de
Spielzeugladen - Magasin de jouets
Vollzeit - À plein temps
Weihnachtseinkäufen - Achat de noël
Teilzeitjobs - Emplois à temps partiel
geschmeichelt - flatté
eifersüchtig - jaloux
Noten - Les notes
aufnehmen - enregistrement, bande
zurückkehren - revenir
Münsterplatz - Place de la cathédrale

Chapitre 8

Die Stadt Freiburg

Albert und seine Kommilitonen laufen um den Münsterplatz in der Freiburger Innenstadt herum.

ERICH Albert, du musst die **Würstchen** hier probieren. Sie sind die besten.

ALBERT Oh ja? Welche Art haben sie?

ERICH Ich **empfehle** die Bratwurst mit Röstzwiebeln. Dann **füge** ein wenig Ketchup und Senf **hinzu**. **Köstlich**.

PIERRO Ich mag die Brötchen hier nicht. Die Würstchen sind die besten, aber ich finde die Brötchen im nächsten Stand viel **schmackhafter**. Außerdem sind sie länger, damit du mehr **Nahrung** bekommst.

FATIMA Hey, tut mir leid, ich bin spät dran. Habt ihr schon gegessen?

PIERRO Nein, wir haben auf dich gewartet. Das ist Albert, unser neuer Kommilitone in diesem Semester. Albert, triff dich mit Fatima.

FATIMA Schön dich kennenzulernen Albert. Ich bin mir sicher, dass wir uns später kennenlernen werden, aber jetzt bin ich am verhungern. Lass uns essen.

ERICH Ich habe gerade Albert erzählt, welche Wurst die Beste ist.

FATIMA Oh, ich verstehe. Nun, ich gehe dorthin, um einen Tofu Burger zu bekommen. Ich werde euch hier treffen.

ALBERT Hmm, ein Tofu Burger klingt gut.

ERICH Albert, nein. Du bekommst keinen Tofu Burger bei deiner ersten Reise zum Münsterplatz. Du musst eine Wurst bekommen oder du bist für immer aus der Gruppe.

ALBERT Wow, harte Gruppe. Ok, dann habe ich die Bratwurst.

ERICH Gut. Das ist eine Bratwurst für dich und eine Currywurst für mich. Julia, willst du etwas von hier?

JULIA Ich stimme Pierro zu. Wir gehen zum nächsten Stand für die besseren Brötchen.

ERICH Ok, dann lass uns wieder hier essen gehen. Fatima kann später mit ihrem **Pappenburger** zurückkommen.

ALBERT Ich habe keine **Münzen**. Hier sind fünf Euro für meine Wurst.

ERICH Behalt dein Geld. Es ist eine **Ehre**, dich bei deiner ersten Münchner Bratwurst zu **verwöhnen**.

*Die Gruppe beendet ihr Mittagessen und will in den Freiburger Münster **eintreten**.*

FATIMA Mhm. Ich liebe den Tofu von dort drüben.

ALBERT Der sah lecker aus. Vielleicht werde ich einen das nächste Mal bekommen, wenn ich hierher komme.

FATIMA Ich empfehle er sehr. Also, warst du schon mal im Münster?

ALBERT Noch nicht. Ich ging ein paar Mal vorbei, war aber nicht sicher, ob er für die **Öffentlichkeit zugänglich** war.

FATIMA Ich könnte falsch liegen, aber ich denke, er ist die ganze Zeit offen. Julia, kennst du die Öffnungszeiten für den Münster?

JULIA Ich denke, er ist **während** der normalen Geschäftszeiten geöffnet. Also vielleicht bis 17 Uhr.

FATIMA Solange er offen ist, ist das die Hauptsache.

ALBERT Ja, ich kann es kaum erwarten, drinnen zu sehen, wenn er so schön ist wie draußen.

PIERRO Ich bekomme die Tür für euch alle. **Alter vor Schönheit**!

JULIA Komm schon. Dein Geburtstag ist einen Tag nach mir.

PIERRO Ja, aber ich **fürchte**, das Sprichwort bedeutet, dass wir immer noch nach Alter und Schönheit eintreten müssen, mit dem Jüngsten und Schönsten am Ende; ich!

JULIA Tut mir Leid, Albert. Ich wette, du wünschst dir, du hättest uns nie getroffen.

ALBERT Kein Problem. Der Münster ist wirklich cool. Es ist schwer zu glauben, dass die Arbeit, die in so etwas gebaut wurde, und all die kleinen Details perfekt sind.

ERICH Ich mag besonders alle Glasfenster. Man konnte nie erraten, wie toll sie von außen waren.

ALBERT Ich hätte meine Kamera mitbringen sollen.

ERICH Benutze einfach den auf deinem Handy.

ALBERT Ah, ich meine meine professionelle Kamera. Es hätte das **Umgebungslicht** hier perfekt eingefangen.

PIERRO Unsinn. Ich habe eine App auf meinem Handy, die Filter zu Fotos hinzufügen kann. Hier, schau. Siehst du?

ALBERT Schön. Aber ich denke nicht, dass es auf dem Computer gut aussehen wird. Nein, ich komme definitiv mit meiner Kamera hierher zurück.

*Die Gruppe hat den Freiburger Münster verlassen und **läuft** Kaiser-Joseph Straße **entlang**.*

ERICH Siehst du diese kleinen **Wasserströme**?

ALBERT Ich hatte sie letztes Wochenende **bemerkt**, aber es war Abend und es war kein Wasser in ihnen. Sind sie nur zum **Ablassen** von Wasser? Oder um eine **Flut** zu **verhindern**?

PIERRO Nein, du kannst von ihnen trinken. **Geh voran**!

FATIMA Hör ihm nicht zu Albert. Er ist ein Idiot.

ERICH Er hat recht. Sie wurden an einem Punkt zum Trinken von Wasser verwendet. Es war in unserem **Lehrbuch**.

FATIMA Aber nicht mehr. Sie heißen Bächle. Und du würdest heute nicht mehr von ihnen trinken wollen. Zu **dreckig**. Jetzt sind sie im Grunde nur eine Touristenattraktion.

JULIA Im Sommer siehst du kleine Kinder und Hunde, die darüber **planschen**.

FATIMA Ja, es gibt kleinen Boote, mit denen Kinder spielen. Schau da drüben, das Kind mit der blauen Jacke hat eins.

ALBERT Oh ja, ich verstehe was du meinst. Hoffe, er fällt nicht rein, das Wasser ist wahrscheinlich eiskalt.

ERICH Kommt deine Mutter aus Freiburg, Albert? Hat sie dir nicht davon erzählt oder dir Fotos gezeigt?

ALBERT Sie hat nichts über sie gesagt. Und ich habe nie gefragt. Aber ich bin froh, dass ich nicht gefragt habe, denn dann kann ich alles für mich selbst entdecken. Wie diese süßen Bächle.

JULIA Und es gibt einen **Aberglauben**, dass wenn du zufällig ins Bächle fällst, dann wirst du einen **Einheimischen** heiraten.

PIERRO Ich habe das auch gehört. Was für eine Menge Unsinn. Wenn du den Aberglauben kennst und zufällig in das Bächle fielst, dann könntest du einfach Frauen aus Freiburg **meiden**.

JULIA Ich finde, du solltest besonders vorsichtig sein, um nicht ins Bächle zu fallen. Es wäre so schade für einen Freiburger, der bei dir bleibt!

Vocabulaire

Würstchen - Saucisses
empfehle - recommander
hinzufüge - ajouter
Köstlich - Délicieux

schmackhafter - plus savoureux
Nahrung - Aliments
Pappenburger - Burger en carton
Münzen - Pièces de monnaie
Ehre - Honneur
verwöhnen - traiter
eintreten - entrer
Öffentlichkeit zugänglich - Ouvert au public
Ich könnte falsch liegen - Je peux me tromper
während - tandis que
Alter vor Schönheit - Age avant la beauté
fürchte - peur
Umgebungslicht - Lumière ambiante
Unsinn - Absurdité
läuft ... entlang - marcher ... le long
Wasserströme - Ruisseaux d'eau
bemerkt - remarqué
Ablassen - Évacuation
Flut - Inonder
verhindern - prévenir
Geh voran - Aller de l'avant
Lehrbuch - Cahier de texte
dreckig - sale
planschen - éclabousser
Aberglauben - Superstition
Einheimischen - Un local
meiden - éviter

Chapitre 9

Das Kaufhaus

*Nach dem Mittagessen geht Albert zum Kaufhaus, um ein Kissen zu kaufen. Eine **Verkäuferin** kommt herüber und bietet Hilfe an.*

VERKÄUFERIN Guten Tag. Kann ich Ihnen helfen?

ALBERT Guten Tag. Könnten Sie mir bitte sagen, wieviel dieses Kissen kostet? Ich kann den Preis nicht finden.

VERKÄUFERIN Klar. Das ist fünfundneunzig Euro und neunundneunzig Cent.

ALBERT Whoa, fast hundert Euro für ein Kissen. Warum kostet es so viel?

VERKÄUFERIN Es ist nicht so viel. **In der Tat** ist es eines unserer Mittelklasse-Modelle.

ALBERT Ok, aber was ist das Besondere daran?

VERKÄUFERIN Es ist mit europäischen **Gänsefedern** gefüllt und die Auenseite besteht zu 100 Prozent aus **Bio-Baumwolle**.

ALBERT Aber dieser hier sagt auch, dass er Gänsefedern hat und biologisch ist, kostet aber 79 Euro.

VERKÄUFERIN Der Unterschied ist **die Anzahl der Threads**. Je höher die Thread-Anzahl, desto teurer wird es sein.

ALBERT Ich glaube nicht, dass mir das wichtig ist. Ich will nur etwas, das fest ist.

VERKÄUFERIN Nun, Sie müssen den Komfort in **Betracht** ziehen. Sie werden schließlich jede Nacht etwa acht Stunden darauf schlafen.

ALBERT Ja, aber hundert Euro sind immer noch eine große **Investition**.

VERKÄUFERIN Ok, was ist Ihr Budget?

ALBERT Ich hatte gehofft, etwas für ungefähr zwanzig Euro zu kaufen.

VERKÄUFERIN Unser **grundlegendes** Modell kostet vierundzwanzig Euro und neunundneunzig Cent. Es ist aus synthetischen Federn und Materialien hergestellt.

ALBERT Können Sie es mir zeigen?

VERKÄUFERIN Klar, hier ist es.

ALBERT Oh, es kommt nicht einmal in einer **Schutztasche**. Es sitzt einfach **locker** auf dem Regal. Ich denke, viele Leute haben es schon **angerührt**.

VERKÄUFERIN Natürlich. Aber ich würde dieses Kissen sowieso nicht empfehlen. Obwohl es billig ist, wird es nicht die **Unterstützung** bieten, die Sie suchen.

ALBERT Ich denke nicht, es ist billig, aber es scheint billig gemacht. Und es ist überhaupt nicht fest, wie Sie gesagt haben.

VERKÄUFERIN Nein, wir verkaufen nicht viele davon. Lassen Sie mich Ihnen ein besseres Modell zeigen, das momentan im **Angebot** ist.

ALBERT Das wäre großartig, danke.

VERKÄUFERIN Dieser hier war zweiundsechzig Euro jetzt nur noch neunundvierzig Euro und fünfzig Cent.

ALBERT Ah ok. Das ist nicht viel von einem **Rabatt**. Haben Sie etwas, das noch mehr reduziert wurde?

VERKÄUFERIN Ja, da ist noch eine, die ich kenne. Dieser hier ist vierzig Prozent weg. Jetzt nur vierundvierzig Euro.

ALBERT Ok, und ich sehe, dass es auch Gänsefedern und Bio-Baumwolle hat. Ist das nur ein **Merkmal** all Ihrer Kissen?

VERKÄUFERIN Nicht alle. Wir haben Kissen aus **Schaumstoff**, die sich der Form Ihres Kopfes **anpassen**.

ALBERT Hmm, das klingt gut. Ich habe von denen gehört, aber nie eine ausprobiert. Empfehlen Sie sie?

VERKÄUFERIN Ja, das tue ich. Ich persönlich benutze keinen, aber ich habe viele positive **Bewertungen** von Leuten gehört, die das tun.

ALBERT Und wie viel verkaufen Sie sie?

VERKÄUFERIN Unsere **Schaumkissenkollektion** beginnt bei neunundfünfzig Euro.

ALBERT Das sind nur fünfzehn Euro mehr als das **ermäßigte** Kissen. Kann ich es sehen?

VERKÄUFERIN Das ist es hier, aber ich kann es nicht aus der Tasche nehmen. Sie können dieses **Anzeigemodell** berühren.

ALBERT Oh ja, das fühlt sich gut und fest an.

VERKÄUFERIN Und diese **Festigkeit** sollte während der gesamten **Lebensdauer** des Produkts beibehalten werden.

ALBERT Das ist gut. Obwohl ich nur für das Semester bleibe und ich glaube nicht, dass ich es mit nach Hause nehmen werde. Aber wenn ich so viel für ein Kissen bezahle, dann sollte ich es vielleicht mit nach Hause nehmen.

VERKÄUFERIN Ja, das ist eine gute Idee. Wenn Sie möchten, kann ich diese für Sie zur Kasse bringen und Sie können nach dem Einkauf bezahlen?

ALBERT Einen Moment. Ich habe eine Frage. Kann ich das Kissen für ein paar Nächte probieren und es dann zurückgeben, wenn es nicht **geeignet** ist?

VERKÄUFERIN Artikel müssen im **Originalzustand** zum **Umtausch** zurückgegeben werden.

ALBERT Ja, aber kann ich eine **Rückerstattung** bekommen, selbst wenn ich das Kissen benutze?

VERKÄUFERIN Für einen Tausch, ich **fürchte**, Sie müssten das Kissen zurückgeben, solange es noch in der Tasche ist und nicht benutzt wurde.

ALBERT Ok, das scheint nicht fair zu sein. Außerdem würde ich mein Geld nicht zurückbekommen, ich müsste es umtauschen. Ist das richtig?

VERKÄUFERIN Ja, das ist richtig. Aber dann können Sie das andere Kissen mit den Federn nehmen. Also, sollte ich das für Sie an der Kasse **ablegen**?

ALBERT Ich würde gerne noch **darüber nachdenken**.

VERKÄUFERIN Sie sollten nicht so lange warten, weil das Angebot enden könnte. Es ist besser, es jetzt zu kaufen.

ALBERT Eigentlich werde ich mich mehr **umschauen** und dann wiederkommen, ok?

VERKÄUFERIN Wann kommen Sie zurück?

ALBERT Ich bin mir nicht sicher, vielleicht später oder an einem anderen Tag.

VERKÄUFERIN Ok, kein Problem. Wenn Sie zurückkommen, fragen Sie bitte nach Sandra.

ALBERT Ok, aber ich bin mir nicht sicher, wann oder ob ich zurückkommen werde. Danke für Ihre Hilfe. Auf Wiedersehen.

Vocabulaire

Verkäuferin - Vendeuse
In der Tat - En réalité
Gänsefedern - Plumes d'oie
Bio-Baumwolle - Coton organique
die Anzahl der Threads - le nombre de threads
Betracht - considérer
Investition - Investissement
grundlegendes - de base
Schutztasche - Sac de protection
locker - en vrac
angerührt - touché
Unterstützung - Soutien
Angebot - Offre
Rabatt - Remise
Merkmal - Caractéristiques
Schaumstoff - Mousse
anpassen - ajuster

Bewertungen - Avis
Schaumkissenkollektion - Collection d'oreillers en mousse
ermäßigte - réduit
Anzeigemodell - Modèle d'affichage
Festigkeit - fermeté
Lebensdauer - Durée de vie
geeignet - adapté
Originalzustand - L'état original
Umtausch - Échange
Rückerstattung - Rembourser
fürchte - peur
ablegen - poser
darüber nachdenken - penses-y
umschauen - regarde autour de toi

Chapitre 10

Das erste Date

Es ist Samstagabend und Natascha ist 20 Minuten zu spät zu ihrem Date mit Albert gekommen.

NATASCHA Tut mir leid, dass ich zu spät bin. Da war viel **Verkehr**.

ALBERT Es ist kein Problem. Ich wartete nicht lange. Warte, hast du nicht die Straßenbahn genommen?

NATASCHA Ok, du hast mich **erwischt**. Ich habe wirklich zu lange gebraucht, um mich fertig zu machen. Wie geht es dir?

ALBERT Es geht mir gut, danke. Und dir?

NATASCHA Auch gut.

ALBERT Ähm, hast du ein Restaurant im **Sinn**, in dem du gerne essen würdest?

NATASCHA Nicht wirklich. Ich bin nicht so hungrig.

ALBERT Ich habe von einem Ort gehört, der alle Arten von Schnitzel serviert, wenn du das **probieren** willst?

NATASCHA Sicher. Was immer du magst ist gut für mich.

ALBERT Ok, lass uns gehen. Ich denke, es ist gerade hier. Du siehst heute Nacht wirklich gut aus.

NATASCHA Nicht wirklich. Ich habe gerade etwas **angeworfen**.

ALBERT Aber dieses Kleid passt dir wirklich. Ich mag das. Und woher hast du diese **Halskette**?

NATASCHA Sie gehörte meiner Großmutter. Sie gab es mir an meinem achtzehnten Geburtstag.

ALBERT Oh schön. Lebt deine Großmutter noch in Freiburg?

NATASCHA Ja, ich besuche sie die ganze Zeit. Es macht wirklich Spaß mit ihr zu reden. Oh, du hast an diesen Ort gedacht? Ich war nur einmal hier. Es wird gut sein, dieses Mal ein anderes **Gericht** aus der Speisekarte zu probieren.

ALBERT Großartig. Ich bin froh, dass es dir gefallen hat und es dir nichts ausmacht, zurück zu kommen. Hier, lass mich die Tür für dich öffnen.

NATASCHA So ein Gentleman!

*Albert und Natascha haben sich **hingesetzt** und schauen auf die Speisekarte.*

ALBERT Also, was hast du das letzte Mal **bestellt**?

NATASCHA Ich habe das Haus speziell bestellt. Es kommt mit drei Arten von Soße. Curry, Käse und süßer Chili.

ALBERT Oh, das klingt lecker. Ich dachte an den Hawaiianer. Ich liebe **Ananas**.

NATASCHA Gute Wahl. Ich denke, ich möchte auch eine probieren, die diesmal nicht mit Soße kommt. Vielleicht das italienische **Kraut** mit Tomaten.

ALBERT Oh ja, das habe ich mir auch gedacht. Lass uns das Hawaiianische und das Italienische Kraut bekommen und dann **teilen**. Du nimmst die **Hälfte** von mir und ich nehme die Hälfte von dir.

NATASCHA Ok, das ist ein Deal. Und ich hoffe, du kannst mir helfen, einige meiner Chips zu nehmen. Ich glaube nicht, dass ich so viel essen kann.

ALBERT Natürlich kann ich helfen. Also geben sie hier große Portionen?

NATASCHA Nicht besonders groß, aber zu groß für mich. Normalerweise esse ich nicht so viel. Ich versuche, **Gewicht** zu **verlieren**.

ALBERT Du musst dich keine Sorgen machen. Du hast einen tollen **Körper**. Äh, ich meine, du bist überhaupt nicht fett.

NATASCHA Haha, danke. Du sagst das nur, um nett zu sein.

ALBERT Nein, wirklich. Deine Kleidung passt perfekt zu dir. Dein Kleid heute Abend ist sehr **hübsch**.

NATASCHA Ja, das hast du schon gesagt.

ALBERT Nun, das stimmt.

NATASCHA Genug über mich. Lass uns die Kellnerin anrufen.

ALBERT Haha, ok. Hier kommt sie jetzt.

NATASCHA Übrigens siehst du auch heute Abend gut aus.

ALBERT Danke.

Nach dem Essen reden Albert und Natascha vor dem Restaurant.

ALBERT Es ist eine schöne Nacht. Ich werde dich nach Hause bringen.

NATASCHA Bist du sicher? Es ist in **die entgegengesetzte Richtung** von deiner wohnung. Ich kann einfach die Straßenbahn nehmen.

ALBERT Es ist kein Problem. Jedenfalls möchte ich **sicherstellen**, dass du sicher nach Hause kommst.

NATASCHA Oh, also denkst du, du kannst mich beschützen?

ALBERT Natürlich kann ich. Weißt du, ich gehe ins Fitnessstudio. Nun, ich plane mindestens ins Fitnessstudio zu gehen.

NATASCHA Oh, dann bin ich es vielleicht, der dich beschützen muss.

ALBERT Okay, dann kannst du mich zuerst nach Hause gehen. Nur ein **Scherz**. Ist es diese Richtung?

NATASCHA Ja, diese Straße runter und dann ist es eine gerade Straße zu meiner Wohnung. Es ist ziemlich **dunkel**, brauchst du mich, um deine Hand zu halten, wenn wir dort ankommen?

ALBERT Haha, vielleicht.

NATASCHA Aw, mach dir keine Sorgen. Es ist eine nette **Gegend**. Nichts wird passieren.

ALBERT Lass uns trotzdem Händchen halten. Auch wenn nur für das **Gleichgewicht**.

NATASCHA Wow, wie romantisch. Kannst du nicht selbst balancieren?

ALBERT Ich sagte dir, ich plane nur ins Fitnessstudio zu gehen. Ich habe noch nicht angefangen. Schau, was passiert, wenn du meine Hand nicht hältst.

NATASCHA Oh ja, ich verstehe. Pass auf deinen **Schritt**, du willst nicht **versehentlich** in das Bächle fallen.

ALBERT Was für Bächle? Woah!

NATASCHA Pass auf!

Vocabulaire

Verkehr - Circulation
erwischt - pris
Sinn - Esprit
probieren - essayer
angeworfen - jeté sur
Halskette - Un collier
Gericht - Plat
hingesetzt - assis
bestellt - commandé
Ananas - Ananas
Kraut - Herbe
teilen - diviser
Hälfte - Moitié
Gewicht - Poids

verlieren - perdre
Körper - Corps
hübsch - joli
die entgegengesetzte Richtung - la direction opposée
sicherstellen - s'assurer
Scherz - Blague
dunkel - foncé
Gegend - Région
Gleichgewicht - Équilibre
Schritt - Étape
versehentlich - accidentellement
Pass auf - Fais attention

Bonus

Albert sendet eine E-Mail an seinen Vater und erzählt ihm, was er in der letzten Woche getan hat.

An: thehoff@internet.com

Betreff: Meine erste Woche in Freiburg

Hallo Papa,

Weil ich in Deutschland bin, werde ich dir auf Deutsch schreiben. Ich bin angekommen! Es war eine tolle Woche. Ich komme sehr gut mit meinem neuen Mitbewohner David zurecht. Er kommt aus Berlin. Wir gingen in meinem ersten Abend zum Abendessen und ich aß Flammkuchen. Der war mit Käse bedeckt. Du hättest ihn absolut geliebt. Und ich habe mein erstes legales Bier getrunken. Deutsches Bier ist unglaublich. Ich denke, du wusstest schon, dass ich dir das sagen würde!

Meine Kommilitonen sind wirklich cool. Wir sind zusammen in Freiburg herumgelaufen und ich habe sie wirklich kennengelernt. Ich plane, mit einem von ihnen ins Fitnessstudio zu gehen, und er sagt, dass er mir helfen wird, sich aufzubauen.

Ich habe auch ein deutsches Mädchen kennengelernt. Ihr Name ist Natascha. Wir waren gestern Abend verabredet und hoffentlich werde ich sie nächstes Wochenende wiedersehen. Sie hat mir so viel über Freiburg erzählt. Ich kann nicht warten, um mehr über diese Stadt mit ihr zu entdecken. Ich wollte beim Abendessen ein Foto mit ihr machen, aber ich hatte soviel Spaß, dass ich es vergessen habe.

Ich habe gehört, dass Deutsche manchmal unhöflich sind, aber alle waren sehr freundlich. Ich weiß nicht, wo sie diesen Ruf bekommen. Obwohl, ich wollte ein Kissen im Kaufhaus kaufen und die Verkäuferin war sehr aufdringlich. Aber ich denke, das ist normal für Verkäufer überall, nicht nur in Deutschland. Jedenfalls gehen David und ich nächste Woche zu IKEA und ich werde von dort ein Kissen kaufen. Nächste Woche gehe ich auch mit Mama zu meiner Patin, damit es Spaß macht.

Was hast du so gemacht? Bist du einsam ohne mich und Mama oder genießt es dir das ganze Haus zu haben?

Liebe,

Albert

Chapitre 11

Der erste Tag des Semesters

Albert lernt in einem Vortrag die Geschichte von Freiburg kennen.

PROF SCHULZE Freiburg wurde 1120 von Konrad und Herzog Berthold III. Von Zähringen als freie Marktstadt gegründet. Frei bedeutet „frei" und Burg bedeutet „**befestigte** Stadt". Man könnte argumentieren, dass Freiburg eine „befestigte Stadt der freien Bürger" bedeutet.

ALBERT Psst Erich, was bedeutet befestigte?

ERICH Er meint, dass Freiburg eine gewisse **Abwehr** gegen Angriffe hat. Sie ist eine geschützte Stadt.

ALBERT Ah, wie zum Beispiel die **Stadttore**?

ERICH Genau.

PROF SCHULZE Die Habsbergs gründeten 1457 die Albert-Ludwigs-Universität und damit Deutschlands fünftälteste Universität. Und es ist **bemerkenswert**, dass wir heute viele Frauen in unserem Publikum haben. Kann mir jemand sagen, warum das bemerkenswert ist? Ja, Sie in der ersten Reihe. Was ist Ihr Name, bitte?

HANNA Ich heiße Hanna Schneider.

PROF SCHULZE Und können Sie mir sagen, Frau Schneider, warum wir glücklich sind, Sie heute in unserer **Gegenwart** zu haben?

HANNA Liegt es daran, dass Frauen erst im 19. Jahrhundert studieren durften?

PROF SCHULZE Richtig. Tatsächlich war die Albert-Ludwigs-Universität die erste Universität in Deutschland, die Frauen die **Einschreibung** erlaubte, die 1899 stattfand. Leider hat Deutschland in den folgenden 50 Jahren einige unglückliche Zeiten durchgemacht, wie Sie sicher alle wissen.

TIMO Professor Schulze, ist in Freiburg während des **Zweiten Weltkrieges** etwas passiert?

PROF SCHULZE Und Ihr Name ist?

TIMO Der ist Timo Jensen.

PROF SCHULZE Nun, Herr Jensen. Die Stadt Freiburg wurde tatsächlich mehrmals **bombardiert**. Aber es gab zwei sehr ernste Angriffe, von denen einer **zufällig** war. Möchte jemand dem Publikum von diesen Angriffen erzählen? Ja, Sie auf der **Rückseite**. Bitte sagen Sie Ihren Namen und erzählen Sie uns dann, was Sie wissen.

ALBERT Mein Name ist Albert Hoffman. Ich weiß nichts über den **Unfall**, aber ich habe gehört, dass die Briten Freiburg angegriffen und den größten Teil der Stadt **zerstört** haben. Im Jahr 1943 glaube ich.

PROF SCHULZE Vielen Dank, Herr Hoffman. Und ist das ein amerikanischer Akzent, den ich **erkenne**?

ALBERT Ja, ich komme aus New York.

PROF SCHULZE Nun, Herr Hoffman, Sie haben Recht mit dem Angriff, aber falsch mit dem Jahr. Die RAF hat die Stadt bombardiert, aber das war 1944. Zum Glück haben sie dem Münster keinen **Schaden zugefügt**, und wir können ihn heute alle noch besuchen. Wenn einer von euch noch nicht beim Münster war, dann fordere ich Sie alle auf, dies zu tun. Ja, die Person, die neben Herr Hoffman sitzt. Haben Sie etwas **hinzuzufügen**?

ERICH Ja, Professor. Der andere Angriff **ereignete** sich 1940. Die Deutschen hatten durch Zufall viele Bomben auf Freiburg abgeworfen und viele Menschen **getötet**. Oh, tut mir leid, mein Name ist Erich, Erich Trudeau.

PROF SCHULZE Das stimmt, Herr Trudeau. Wie es im Krieg oft **vorkommt**, werden Zivilisten von ihrem eigenen Militär **versehentlich** getötet. Wir werden in diesem Semester mehr über dieses **Phänomen** lernen. Weiß jemand, wie die Freiburger **Bevölkerung** heute steht?

HANNA Ist sie etwa 100.000?

TIMO Ich würde sagen, sie ist mehr wie 150.000.

PROF SCHULZE Nicht ganz. Möchte jemand anders **raten**? Ja, du mit dem rosa Hemd.

PING Mein Name ist Ping Dong. Ist sie eine halbe Million?

PROF SCHULZE Danke Herr Dong. Es stimmt auch nicht. Ok, alle, bitte **heben** Sie Ihre Hand, wenn Sie denken, dass sie mehr als 250.000 ist. Und jetzt weniger als 250.000. Ok, gut, die Leute, die weniger gesagt haben sind richtig.

TIMO Herr Schulze, ich habe gerade online gesucht und es sind rund 220.000 Menschen.

PROF SCHULZE Ah, Technologie. Das ist richtig, Herr Bensen.

TIMO Der ist Jensen, Herr Schulze.

PROF SCHULZE Nein, ich habe online nach dir gesucht und Sie heißen Bensen. Daher ist das Internet korrekt, nicht Sie. Ich scherze natürlich. Ich möchte nur darauf hinweisen, dass Sie nicht 100% auf alles, was Sie im Internet lesen, **vertrauen** sollten. Es ist wichtig, dass Sie die echten Geschichtsbücher in der Bibliothek studieren, um diesen Kurs zu bestehen.

Später diskutieren Albert und Erich über den Vortrag von Professor Schulze.

ALBERT Das war ein interessanter Vortrag. Ich denke, ich bin jetzt noch **stolzer**, hier an dieser Universität zu studieren.

ERICH Ich auch. Und was haltest du von Professor Schulze?

ALBERT Ich mag ihn. Er hat einen guten **Sinn** für Humor.

ERICH Hast du alles verstanden, was er gesagt hat?

ALBERT Es gab einige Wörter, die ich nicht verstehe, aber nicht viele.

ERICH Du kannst mich oder einen der Jungs immer fragen, wenn du die Wörter nicht kennst. Der Professor hat ein großes Vokabular und mag es, lange Wörter zu verwenden.

ALBERT Ja, tut er. Ich habe eigentlich erwartet, dass ich weniger verstehe, deshalb war ich überrascht, wie viel ich verstanden habe.

ERICH Zumindest spricht er **deutlich**. Und du konntest seinen Humor verstehen. Das ist also beeindruckend.

ALBERT Witze sind in der Sprache wichtig. Ich würde es hassen, der Einzige zu sein, der nicht lacht.

ERICH Nun, lass uns hoffen, dass alle unsere Kurse so interessant sind wie dieser. Was hast du denn jetzt?

ALBERT Ich bin eine Stunde frei, dann habe ich einen Vortrag über die deutsche **Gesellschaft** vor dem Ersten Weltkrieg. Und du?

ERICH Ich gehe jetzt in die Bibliothek, um zu sehen, ob sie das Buch haben, das der Professor empfohlen hat. Ich hoffe, jemand hat es noch nicht genommen.

ALBERT Ich bin mir sicher, dass sie viele Kopien aller empfohlenen Bücher haben. Aber vielleicht sollte ich jetzt mit dir gehen oder sonst werde ich **derjenige** sein, der es nicht bekommt.

ERICH Und wenn keiner von uns eine Kopie bekommt, dann suchen wir einfach online nach allem, **nicht wahr**?

ALBERT Haha, ja. Professor Schulze wird **auf jeden Fall** stolz auf uns sein, wenn wir das tun!

Vocabulaire

befestigte - fortifié
Abwehr - La défense
Stadttore - Portes de la ville
bemerkenswert - notable
Gegenwart - Présence

Einschreibung - Inscription
Zweiten Weltkrieges - La Seconde Guerre mondiale
bombardiert - bombardé
zufällig - par hasard
Rückseite - Arrière
Unfall - Accident
zerstört - détruit
erkenne - reconnaître
Schaden zugefügt - Dommages causés
hinzuzufügen - ajouter
ereignete - eu lieu
getötet - tué
vorkommt - se produit
versehentlich - accidentellement
Phänomen - Phénomène
Bevölkerung - Population
raten - deviner
heben - augmenter
vertrauen - confiance
stolzer - fier
Sinn - Sens
deutlich - clair
Gesellschaft - Société
derjenige - le seul
nicht wahr? - droite?
auf jeden Fall - absolument

Chapitre 12

Das Familienessen

Albert und einige seiner Familie essen zusammen bei Alberts Großvater.

FRAU HOFFMAN Um Himmels willen Cordelia, sieh dir an, wie viel Essen du gemacht hast. Wir sind nur fünf Personen. Wie werden wir alles essen?

TANTE CORDELIA Oh, es ist wirklich nichts. Wie auch immer, Albert sieht zu dünn aus. Er muss **nahrhaftes** hausgemachtes Essen essen.

FRAU HOFFMAN Das ist wahr. Gott weiß, was er isst, wenn er mit seinen Freunden in der Uni ist.

ALBERT Ich esse die ganze Zeit gesund. Aber das sieht toll aus Tante Cordelia.

FRAU HOFFMAN Sieht es **schmackhafter** aus als das Essen, das ich für dich mache?

ALBERT Natürlich nicht Mama, deine ist die Beste.

FRAU HOFFMAN Das musst du sagen, aber trotzdem danke.

ONKEL HERBERT Sei nicht **höflich**. Fang an zu essen.

TANTE CORDELIA Warte einen Moment. Bevor wir essen, lassen wir uns ein Familienfoto um den Tisch zusammen machen. Wer weiß, wann du und Albert zurückkommen und uns wieder besuchen werden.

FRAU HOFFMAN Albert, du sitzt vorne neben dem Opa.

OPA MÜLLER Die schönen Männer an der Front, nicht wahr Albert?

ALBERT Genau Opa.

ONKEL HERBERT Ich sollte dann auch vorne sitzen.

TANTE CORDELIA Träum weiter Herbert! Du bleibst mit deiner Schwester und mir auf der Rückseite. Ok, die Kamera ist bereit.

FRAU HOFFMAN Du hast den Timer nicht gedrückt. Wie wirst du das Foto machen?

TANTE CORDELIA Mein Handy ist über Bluetooth mit dieser **Fernbedienung** verbunden. Ich muss nur diese Taste auf der Fernbedienung drücken und mein Handy nimmt das Foto auf.

FRAU HOFFMAN Oh, wie **schlau**!

TANTE CORDELIA Alle lächeln. Ich werde ein paar nehmen und dann die schlechten später löschen. Opa, ich drucke ein guten für dich und lege es in einen **Rahmen**, okay?

OPA MÜLLER Großartig. Ich habe keine Bilder von mir und meinem Enkel zusammen.

ONKEL HERBERT Das Essen wird kalt, lass uns essen. Hier Albert, nimm eine **Schweinshaxe**.

ALBERT Danke Onkel Herbert. Kannst du die Kartoffeln weitergeben?

ONKEL HERBERT Klar. Hast du schon mal deutsche Mädchen kennen gelernt?

TANTE CORDELIA Macht nichts dagegen. Was denkst du über Freiburg? Schön, oder?

ALBERT Sehr schön. Mehr als ich erwartet hatte.

TANTE CORDELIA Ich werde dafür sorgen, dass deine Cousinnen dich kontaktieren und dich herumführen.

OPA MÜLLER Was haltest du von der Schweinshaxe? Schmeckt sie? Ist sie besser als amerikanische Schweinshaxe?

ALBERT Definitiv viel besser als in Amerika. Der amerikanische **Stil** kann nicht **vergleichen**. Aber ich bevorzuge die Kartoffeln und anderes Gemüse hier. Sie schmecken sehr frisch in Deutschland.

ONKEL HERBERT Wir haben hier bessere **landwirtschaftliche Vorschriften** als Amerika.

FRAU HOFFMAN Was ist mit diesem Sauerkraut? Hast du es selbst gemacht oder im Laden gekauft?

TANTE CORDELIA Großvater hat es geschafft. Es ist ein Familiengeheimnis Rezept.

FRAU HOFFMAN Warum hast du mir nicht das Rezept **beigebracht**, Papa?

OPA MÜLLER Ich möchte, dass das Rezept in Deutschland bleibt. Wenn du Albert hier bleibst, dann werde ich es dir beibringen. Ist das ein Deal?

ALBERT Haha, sehr **verführerischer** Opa.

ONKEL HERBERT Jetzt hast du noch einen Grund, in Freiburg eine Freundin zu finden.

FRAU HOFFMAN Es ist zu früh, um an Freundinnen zu denken. Konzentrier dich darauf, dein **Studium** zu beenden, dann kannst du anfangen, dich zu verabreden.

TANTE CORDELIA Genau. Ich habe Winnie dasselbe gesagt. Ich glaube nicht, dass sie mir zuhört. Sie geht die ganze Zeit mit ihren Freunden aus, also bin ich sicher, dass sie datiert.

ONKEL HERBERT Solange sie keine Jungs nach Hause bringt.

TANTE CORDELIA Sie bekommt gute Noten, deshalb kümmern wir uns nicht darum, dass sie Zeit mit ihren Freunden verbringt. Iss Albert auf. Es gibt genug für jeden. Nimm so viel wie du willst.

ALBERT Danke Tante Cordelia. Ich werde wirklich voll.

TANTE CORDELIA Denk daran, Platz für Kuchen und Eis zu sparen.

OPA MÜLLER Da ist immer Platz für Kuchen und Eis.

ONKEL HERBERT Dein Opa sagt immer, er hat einen extra **Bauch** zum Nachtisch. Magst du süßes Essen?

ALBERT Ich liebe es. Die Schokolade hier ist unglaublich. Viel süßer als amerikanische Schokolade.

TANTE CORDELIA Ich bin froh, dass du das gesagt hast, weil wir **Schwarzwälder Kirschtorte** mit Schokoladeneis haben.

ALBERT Großartig. Ich wollte schon immer eine authentische Schwarzwälder Kirschtorte aus dem Schwarzwald probieren.

FRAU HOFFMAN Keine für mich. Ich habe nichts gemacht außer essen, seit ich letzte Woche hier angekommen bin. Ich muss auf eine **Diät** gehen, **sonst** bin ich zu fett, um ins Flugzeug zu kommen.

ONKEL HERBERT Vielleicht auch nur ein kleines Stück für dich Albert. Mädchen mögen keine Männer mit einem dicken Bauch. Sie bevorzugen einen Mann mit einem Sixpack.

OPA MÜLLER Mach einfach, was ich getan habe. Finde eine schöne Frau, während du fit und schlank bist. Dann, nachdem du geheiratet hast, kannst du so viel Kuchen essen, wie du willst.

FRAU HOFFMAN Papa, sei nicht so **grob**.

OPA MÜLLER Es war nicht nur ich. Deine Mutter wurde auch fett!

Vocabulaire

Um Himmels willen - Pour l'amour de Dieu
nahrhaftes - nutritif
schmackhafter - plus savoureux
höflich - poli
Träum weiter - Rêver
Fernbedienung - Télécommande
schlau - intelligent
Rahmen - Cadre
Schweinshaxe - Jarrets de porc
Macht nichts dagegen - Ne t'en fais pas
Stil - Style
vergleichen - comparer
landwirtschaftliche Vorschriften - réglementation agricole
beigebracht - enseigné
verführerischer - tentant
Studium - Éducation
Bauch - Ventre
Schwarzwälder Kirschtorte - Gâteau forêt noire
Diät - Régime
sonst - autrement
grob - brut

Chapitre 13

Das Fitnessstudio

Albert ruft Natascha an, um ihr zu sagen, was für eine gute Zeit er bei ihrem Date hatte und ob sie ihn am Wochenende wiedersehen möchte.

ALBERT Hallo Natascha, das ist Albert.

NATASCHA Hallo Albert, schön dich zu hören!

ALBERT Ich wollte nur anrufen und sagen, was für eine tolle Zeit ich mit dir beim Abendessen hatte.

NATASCHA Ich hatte auch Spaß. Danke, dass du mich in dieses Restaurant gebracht hast.

ALBERT Und ich habe mich gefragt, ob du am Samstag mit mir in Freiburg spazieren gehen möchtest? Wenn du frei bist, natürlich.

NATASCHA Ich würde mich gerne mit dir treffen und dich durch meine Stadt **führen**. Wir könnten vielleicht zu Mittag essen und ein Picknick im Park machen?

ALBERT Ja, das ist ein großartiger **Vorschlag**. Machen wir das.

NATASCHA Ok, toll. Wann sollen wir uns denn treffen?

ALBERT Ich **dachte** vielleicht um 10 Uhr.

NATASCHA Was ist die beste Zeit für dich. Ich bin den ganzen Tag frei.

ALBERT Dann haben wir den ganzen Morgen und Nachmittag zusammen.

NATASCHA Zehn **wären** perfekt. Bei Bertoldsbrunnen?

ALBERT Ah, ja. Lass uns dort treffen.

NATASCHA Gibt es etwas, was du nicht essen möchtest? Ich dachte, wir können nur Sandwiches und Kuchen mitbringen.

ALBERT Das klingt gut. Ich mag alles Essen und ich liebe Kuchen. Ich kann die Getränke bringen. Wie wäre es mit etwas Wasser für den Spaziergang und heißer Schokolade zum Mittagessen?

NATASCHA Heiße Schokolade ist perfekt für ein Picknick im Park. Gute Idee.

ALBERT Oh, mein Freund ist gerade angekommen. Wir gehen jetzt zusammen ins Fitnessstudio. Aber wir sehen uns am Samstag um zehn, ok?

NATASCHA Ok. Wir sehen uns am Samstag. **Baue** ein paar Muskeln, du brauchst sie. Tschüss.

ALBERT Haha, danke. Tschüss.

ERICH Hey, wie gehts?

ALBERT Ja, gut. Und dir?

ERICH Nicht schlecht. **Bist du bereit** für ein hartes Training heute?

ALBERT Ich wurde fertig geboren.

Albert und Erich trainieren im Fitnessstudio und reden über Alberts Date mit Natascha.

ALBERT Komm schon, du kannst noch zwei machen.

ERICH Nein, meine Arme wurden zu müde. Ich muss das Gewicht für mein nächster Satz **senken**.

ALBERT Das ist mein letzter **Satz** an dieser Maschine und dann werde ich weitermachen um an meinen Schultern zu arbeiten. Ich sehe zu **dünn** aus.

ERICH Ich denke du siehst gut aus. Vielleicht noch ein paar Kilo, das ist alles. Brauchst du Hilfe zu diesem Satz?

ALBERT Ja, ich werde versuchen, 12 **Wiederholungen** zu machen, also wirst du mir wahrscheinlich bei den letzten paar helfen müssen.

ERICH Ok, kein Problem. Verwendest du immer noch 65 Kilo für diesen Satz?

ALBERT Nein, ich denke, ich werde auf 55 fallen, weil ich diesen Satz von Pulldowns langsam **vervollständigen** möchte. Ich habe gehört, dass das der beste Weg ist, Muskeln aufzubauen. Ok, ich brauche Hilfe bei diesem.

ERICH Kein Problem. Ich werde sehen, wie viele du tun kannst und dann helfen, wenn ich sehe, dass du **kämpfst**.

ALBERT Ok, danke.

Puh, das war hart. Meine **Unterarme** sind tot. Ich werde dir auf diesem helfen, wenn du willst.

ERICH Nein, ich denke, ich kann es schaffen, weil ich das Gewicht auf 40 Kilo senken werde. Du kannst rüber gehen und mit dem Schulterdrücken beginnen.

ALBERT Ich warte nur bis du fertig bist, dann gehen wir zusammen hinüber. Sieh dir den Typen dort drüben an. Er ist **riesig**.

ERICH Ja, ich habe ihn letztes Semester gesehen, als er Handstand **Liegestütze** machte, als wären sie nichts. Es war **beeindruckend**.

ALBERT Ich glaube nicht, dass ich so groß sein möchte.

ERICH Keine Sorge, das würde viele Jahre dauern und viele **Drogen**.

ALBERT Es ist nicht wert. Apropos **Nahrungsergänzungsmittel**, trinkst du **Proteinpulver**?

ERICH Ich habe im Internet wirklich billiges Protein gekauft, aber ich habe eine Dokumentation darüber gesehen. Nach dem Anschauen stellte ich fest, dass der, den ich kaufte, wahrscheinlich **nutzlos** und nicht gesund war.

ALBERT Also, du nimmst nichts nach dem Fitnessstudio?

ERICH Eigentlich mache ich meinen eigenen Proteinshake. Er hat Früchte und **Samen** und **Erdnussbutter**. Er ist wirklich gesund, hat mehr **Eiweiß** als die Pulver und schmeckt fantastisch. Ich werde nächstes Mal ein extra für dich machen.

ALBERT Cool, danke. Ich brachte nur einen Thunfischsalat mit.

ERICH Gut. Ich denke, natürliches Protein aus der Nahrung ist der beste Weg, um dein Protein zu bekommen.

ALBERT Ich stimme zu. Ok, lass uns mit dieser Maschine fertig werden. Vergesst nicht, dass sich dein Handy auf dem Boden befindet.

ERICH Hey, das erinnert mich. Ich habe dich am Telefon gehört und vorher etwas über Samstag gesagt. Hast du mit einem Mädchen gesprochen? Hast du ein Date?

ALBERT Ja, wir waren letztes Wochenende zum Abendessen. Wir sehen uns dieses Wochenende wieder.

ERICH Ah ha, also deshalb willst du dich **massieren**. Du willst sie beeindrucken.

ALBERT Haha, nein. Mein Charme und gutes Aussehen sind genug. Um ehrlich zu sein, haben wir uns wirklich gut verstanden und ich denke, das könnte eine **ernsthafte Beziehung** werden.

ERICH Aber du lebst in New York und man sagt, **Fernbeziehungen** funktionieren nie.

ALBERT Das habe ich auch gehört. Aber sie sagte, sie würde gerne in New York leben, also wer weiß, was die **Zukunft** bringt.

Vocabulaire

führen - mener
Vorschlag - suggestion
dachte - pensée
wären - aurait
Baue - Construire
Bist du bereit - Es-tu prêt
Ich wurde fertig geboren - Je suis née prête

senken - réduire
Satz - phrase
dünn - mince
Wiederholungen - reps
vervollständigen - compléter
kämpfst - bats toi
Unterarme - avant-bras
riesig - énorme
Liegestütze - des pompes
beeindruckend - impressionnant
Drogen - drogues
Nahrungsergänzungsmittel - Compléments alimentaires
Proteinpulver - poudre de protéine
nutzlos - inutile
Samen - des graines
Erdnussbutter - beurre d'arachide
Eiweiß - protéine
massieren - pour grossir
ernsthafte Beziehung - relation serieuse
Fernbeziehungen - Relations à distance
Zukunft - avenir

Chapitre 14

Die Seifenoper

*Albert betritt das Wohnzimmer und **bemerkt**, dass David fernsieht.*

ALBERT Was siehst du gerade?

DAVID Lach nicht. Dies ist eine deutsche **Seifenoper**, die ich jeden Morgen sehe.

ALBERT Warum sollte ich lachen, Oma David? Also, worum geht's in der Serie?

DAVID Haha, dieses Paar hier ist verlobt, aber die Frau ist in seinen Bruder verliebt. Sie küsste den Bruder schon, aber ihr **Verlobter** weiß nichts davon.

ALBERT Eine **Dreiecksbeziehung**. Wie originell!

DAVID Genau. Die Show spielt in einem Fünf-Sterne-Hotel. Dieser Typ hier ist der Manager, aber er hatte einen Unfall und jetzt erinnert er sich nicht mehr an seine Frau oder seine Kinder.

ALBERT Bis jetzt gibt es eine **Affäre** und **Gedächtnisverlust**. Ich nehme an, dass eine Frau in der Serie **schwanger** ist, aber sie weiß nicht, wer der Vater ist.

DAVID Nein, du liegst falsch. Sie hat bereits geboren und wir haben letzte Woche herausgefunden, wer der Vater war, nachdem sie einen DNA-Test gemacht haben. Ihr Freund ist nicht der Vater.

ALBERT Ich hatte also recht mit der Geschichte, nur falsches Timing. Ich bin sicher, dass jemand anderes bald schwanger wird.

DAVID Und jemand wird ungefähr zur selben Zeit **sterben**. Ein **Tod** tritt immer kurz vor einer neuen Geburt auf.

ALBERT Was hat dich dazu gebracht, diese Show zu sehen?

DAVID Meine Mutter schaut sie jeden Tag an, also habe ich immer mit ihr beim Frühstück geguckt.

ALBERT Und wann bist du nach Hause gegangen?

DAVID Vor fünf Jahren.

ALBERT Also hast du sie in den letzten fünf Jahren **freiwillig** gesehen?

DAVID Eigentlich gibt es eine andere Seifenoper, die jeden Morgen vor dieser **ausgestrahlt** wird. Ich sehe beide an.

ALBERT Beide in einem Hotel?

DAVID Nein. Der andere spielt in einer Stadt in der Nähe von Hamburg. Sie hat auch ein Hotel, aber die ganze Stadt ist in der Show **vertreten**.

ALBERT Also kannst du das Set und all die Orte besuchen, die du in der Show siehst?

DAVID Ich mag die Show nicht so sehr. Es sieht wie ein cooler Ort aus, um zu besuchen.

ALBERT Möchtest du nicht die Stars der Show treffen?

DAVID Ich bin kein Stalker. Sie im Fernsehen zu sehen ist genug.

ALBERT Wird es nicht langweilig, immer wieder dieselben **Handlungsstränge** zu sehen?

DAVID Überhaupt nicht. Es ist was das **Publikum** will.

ALBERT Das ist wahr. Es müssen Geschichten sein, die die Leute erwarten oder die sie nicht mehr sehen.

DAVID In dieser Show mag ich, dass die Charaktere **glaubwürdig**, aber dramatisch sind.

ALBERT Du meinst, sie sind alltäglicher, durchschnittliche Leute?

DAVID Genau. Und immer kommen neue Charaktere in die Show und es gibt immer attraktive Schauspielerinnen, besonders diese auf dem Bildschirm.

ALBERT Und was ist ihre Geschichte? Ist sie jemand **lang verloren Zwilling**?

DAVID Gut **geraten**, aber nein. Sie ist gerade in der Stadt angekommen und möchte als **Zimmermädchen** im Hotel arbeiten. Ich denke, es wird Liebe auf den ersten Blick mit dem Hotel Barkeeper sein.

ALBERT Ja, und dann wird er sich in ihre beste Freundin verlieben und dann wird das die nächste Dreiecksbeziehung sein.

DAVID Hmm, vielleicht solltest du ein Autor für die Show sein.

ALBERT Zu langweilig.

DAVID Wenn sie so langweilig ist, warum sitzt du dann hier und schaust du sie dir an?

ALBERT Ich versuche nur mein Deutsch zu **verbessern**. Übrigens, was hat der Freund getan, als er herausfand, dass das Baby nicht seins ist? Hat er gegen den anderen gekämpft?

DAVID Oh, jetzt willst du mehr wissen! Sie hat noch niemandem davon erzählt. Außerdem ist ihr Freund im **Gefängnis**, weil er den

Mann ermordet hat, mit dem sie geschlafen hat, aber er hat es nicht getan.

ALBERT Was?!

DAVID Warte. Es wird besser. Es war **tatsächlich** seine Mutter, die es für ihn getan hat.

ALBERT Ich denke, ich sollte mit dir zusehen. Nur um Deutsch zu **üben**.

DAVID Ok, ich glaube dir aber tausende würden es nicht tun.

ALBERT Wann ist die Show an jedem Tag?

DAVID Die erste beginnt um halb sieben und läuft für fünfundvierzig Minuten und dann beginnt diese direkt danach für weitere fünfundvierzig Minuten. Normalerweise mache ich mein Frühstück, bevor sie anfangen und schaue ihnen dann zu, während ich esse.

ALBERT Es ist ein guter Start in den Tag. Aber ich bin mir nicht sicher, ob ich so früh aufstehen kann.

DAVID Jetzt hast du einen guten **Grund** früh morgens aufzustehen.

ALBERT Ich werde früher schlafen müssen. Aber das ist unmöglich, wenn ich kein neues Kissen bekomme. Ich brauche etwas Festes.

DAVID Oh, ich bin heute Abend frei, wenn du immer noch mit mir nach IKEA gehen willst?

ALBERT Absolut. Ich bin **aufgeregt** zu sehen, wie es ist und hoffentlich ein gutes Kissen innerhalb meines Budgets zu kaufen.

DAVID Ich bin sicher, du wirst es tun. Heute Nacht wirst du gut schlafen. Und dann sehe ich dich morgen früh, um deine neuen Lieblings-Seifenopern mit mir zu sehen.

ALBERT Sagen wir niemandem, dass wir gemeinsam Seifenopern sehen.

DAVID Ich stimme zu. Wir wollen nicht, dass die Leute uns nennen, „die beiden Omas".

Vocabulaire

bemerkt - remarqué
Seifenoper - Opéra à savon
Verlobter - Fiancé
Dreiecksbeziehung - Triangle amoureux
Affäre - Affaire
Gedächtnisverlust - Perte de mémoire
schwanger - Enceinte
sterben - au
Tod - Décès
freiwillig - volontairement
ausgestrahlt - diffuser
vertreten - En vedette
Handlungsstränge - des histoires
Publikum - public
Das ist wahr - C'est vrai
glaubwürdig - crédible
alltäglicher, durchschnittliche Leute - tous les jours, les gens moyens
lang verloren Zwilling - jumeau longtemps perdu
geraten - deviner
Zimmermädchen - Femme de ménage
verbessern - améliorer
Gefängnis - Prison
tatsächlich - effectivement
üben - s'entraîner
Grund - Raison
aufgeregt - excité

Chapitre 15

Der IKEA-Laden

Albert und David sind bei IKEA angekommen und laufen im Laden herum.

ALBERT Dieser Ort ist cool. Ich kann nicht glauben, dass ich noch nie in IKEA eingekauft habe. Wofür sind diese **Pfeile** auf dem Boden?

DAVID Sie führen dich durch den Laden, um sicherzustellen, dass du alles siehst. Du musst ihnen nicht folgen, aber wir werden es tun, da du noch nie hier warst. Wir können schnell gehen, weil die Dinge, die wir kaufen wollen, tatsächlich unten sind.

ALBERT Da ist noch eine Etage unten! Cool!

DAVID Das Restaurant befindet sich auf dieser Etage. Wenn wir also diese Etage verlassen haben, sind wir bereit zu essen.

ALBERT Dieses Display sagt, diese Wohnung ist vierzig Quadratmeter. Weißt du was das in Fuß ist?

DAVID Ich würde sagen, knapp über 400 **Quadratfuß**.

ALBERT Wow, das ist **winzig**. Wie haben sie es geschafft, all diese Möbel in diese kleine Wohnung **einzubauen** und gut aussehen zu lassen? Ich würde gerne in einer solchen Wohnung leben.

DAVID Sie ist nichts besonderes. Sie hat nur das **Wesentliche** und nichts mehr. Zum Beispiel ein Bett und ein Schrank, ein Sofa und ein Fernseher und eine Einbauküche.

ALBERT Sie ist perfekt für einen Studenten, wenn sie es vorziehen, alleine zu leben.

DAVID Ich denke, sie passt besser zu einem alten Ehepaar im **Ruhestand**. Alles ist in der Nähe. Wenn es ein Student war, konnte er niemanden einladen. Es gibt keinen Platz für mehr als zwei Gäste.

ALBERT Guter Punkt. Aber ich glaube nicht, dass alte Menschen diesen modernen Stil mögen. Hey, das sieht aus wie der Tisch in unserem Wohnzimmer.

DAVID Das ist der Tisch aus unserem Wohnzimmer. Ich habe geholfen, er zu bauen, als der **Vermieter** er vor ein paar Jahren gekauft hat.

ALBERT Oh ja, du musst einige Dinge von hier selbst bauen.

DAVID Du musst jedes Möbelstück bauen, dass du hier kaufst, sogar ein Sofa.

ALBERT Ein Sofa?! Wie zur **Hölle** können normale Leute ein Sofa bauen?

DAVID Es ist wahrscheinlich nicht so schwer wie du denkst. Sie bieten klare **Anweisungen** und ich bin mir sicher, ein Sofa hat nicht so viele separate Teile.

ALBERT Ich nehme an, dass es einfacher ist, zu deiner Wohnung zu tragen, wenn es in kleineren Stücken ist.

Albert und David sitzen im Restaurant in IKEA und reden über das Essen.

DAVID Ah, du hast die schwedischen **Fleischbällchen**. Gute Wahl.

ALBERT Ich konnte nicht widerstehen. Sie rochen zu gut. Was hast du bekommen?

DAVID Sie haben ein spezielles Angebot für Spätzle, also habe ich das bekommen.

ALBERT Ich habe die **Werbung** gesehen, habe sie aber nicht am **Schalter** gesehen. Ich habe solche Fleischbällchen noch nie zuvor probiert.

DAVID Sie verkaufen sie nicht in New York?

ALBERT Nur die Fleischbällchen nach italienischer Art.

DAVID Weißt du, dass sie hier **gefrorene** Fleischbällchen verkaufen? Du kannst einige kaufen, wenn wir gehen und kochst du irgendwann zu Hause.

ALBERT Echt? Ich kaufe sie definitiv. Ich kann sie mit Nudeln kochen.

DAVID Das habe ich gemacht, aber ich habe es **satt**, so oft zu essen. Ich mache eine Weile Pause von Fleischbällchen. Wurdest du durch den Kuchen versucht?

ALBERT Ich habe darüber nachgedacht, aber ich sollte nicht so spät **zuckerhaltiges** Essen haben. Warum hast du nicht eins bekommen?

DAVID Der gleiche Grund wie die Fleischbällchen. Ich esse Kuchen jedes Mal wenn ich hierher komme und ich habe immer mindestens zwei stück gegessen. Ich wurde zu **dick**.

ALBERT Ich könnte nächstes Mal noch eins haben. Was ist dein Lieblingskuchen?

DAVID Ich mag die Kirschtorte am liebsten. Aber ich esse auch oft einen Berliner, weil sie billig sind.

ALBERT Ein Berliner? Was ist das?

DAVID So nennen sie in Teilen Deutschlands Marmeladekrapfen.

ALBERT Ah, jetzt verstehe ich, warum Leute sich oft über Präsident Kennedy lustig machen, nachdem er „Ich bin ein Berliner" gesagt hat.

DAVID Ja, außer es ist kein Witz in Berlin, weil wir sie da „Pfannkuchen" nennen.

Albert und David sind mit dem Essen fertig und schauen unten auf Kissen und Lampen.

ALBERT Ich denke, ich nehme das hier. Es **entspricht** meinen **Anforderungen**: fest und billig.

DAVID Willst du ein Schaumkissen? Ich habe gehört, sie sind die Besten.

ALBERT Diese **aufdringliche** Verkäuferin hat mir schon alles gesagt, was ich über Kissen wissen muss. Ich entschied, dass der Preis das Wichtigste für mich ist.

DAVID Welche Verkäuferin?

ALBERT Ich bin zum Kaufhaus in der Innenstadt gegangen und sie versuchte, mir ein teures Kissen zu verkaufen, nachdem ich ihr mein Budget erzählt hatte.

DAVID Wahrscheinlich, weil sie von höchster Qualität waren. **Denk daran**, du musst einen **Kissenbezug** kaufen.

ALBERT Oh ja. Ich habe das vergessen. Du kannst zu den Lampen gehen und ich werde **aufholen**. Ich werde nach einem billigen Kissenbezug suchen.

DAVID Ok, sicher. Ich habe schon gesehen, was ich online will, also werde ich schnell sein. Wenn du mich nicht an den Lampen siehst, dann bin ich in der Pflanzenabteilung.

ALBERT Erhaltest du Pflanzen für dein Zimmer oder die Wohnung?

DAVID Für mein Zimmer. Ich habe vor ein paar Monaten ein paar wirklich schöne gekauft, aber sie sehen schon tot aus.

ALBERT Ich kann auch keine Pflanzen am Leben erhalten. Ich könnte auch ein paar Pflanzen für mein Zimmer kaufen. Vielleicht werde ich mehr Glück haben, sie in Deutschland am Leben zu erhalten.

DAVID Ich dachte, du müsstest sie nur **gießen** und sie kümmern sich selbst.

ALBERT Und manche brauchen Sonnenlicht. Aber genau die richtige **Menge**. Zu viel oder zu wenig und sie werden sterben.

DAVID Vielleicht hast du einfach nicht genug mit ihnen geredet.

ALBERT Sprichst du mit deinen Pflanzen? Meine Eltern würden mich für **verrückt** halten, wenn sie mich mit Pflanzen sprechen hören würden.

DAVID Sing stattdessen zu ihnen. Dann werden deine Eltern denken, dass du einfach singst.

Vocabulaire

Pfeile - Flèches
Quadratfuß - Pieds carrés
winzig - minuscule
einzubauen - installer
Wesentliche - Les bases
Ruhestand - Retraite
Vermieter - Propriétaire
Hölle - Enfer
Anweisungen - Instructions
Fleischbällchen - Boulettes de viande
Werbung - Publicité
Schalter - Compteur
gefrorene - congelé
Echt - Vraiment
satt - marre
zuckerhaltiges - sucré
dick - graisse
entspricht - satisfait
Anforderungen - Exigences
aufdringliche - arrogant
Denk daran - Rappelles toi
Kissenbezug - Taie d'oreiller
aufholen - rattraper
gießen - arroser
Menge - Montant
verrückt - fou

Chapitre 16

Das Einkaufen

*Albert und seine Mutter sind im **örtlichen** Supermarkt angekommen, um Lebensmittel zu kaufen.*

FRAU HOFFMAN Was kaufst du?

ALBERT Ich möchte **Hafer** zum Frühstück kaufen, aber ich weiß nicht, was ich sonst noch brauche.

FRAU HOFFMAN Einfach nur Hafer? Das schmeckt nicht sehr gut. Wie wäre es mit Honig oder getrockneten Früchten?

ALBERT Ja, das habe ich gemeint. Hafer und all die anderen Sachen, die ich **hinzufügen** werde.

FRAU HOFFMAN Du hättest eine Liste machen sollen. Es ist leicht zu vergessen, die Dinge zu kaufen, die du kaufen wolltest, und dann kaufst du Dinge, die du nicht brauchst.

ALBERT Ich suche normalerweise nur nach frischen Produkten, die in diesem Moment angeboten werden.

FRAU HOFFMAN Brauchst du nicht Brot und Milch und Fleisch und Nudeln und Reis? Und vielleicht auch Toilettenartikeln oder **Reinigungsprodukten**?

ALBERT Ja, ich habe vor, einfach durch den ganzen Laden zu gehen und **aufzuheben**, was ich brauche, wenn ich es sehe.

FRAU HOFFMAN Aber wenn du deine **Mahlzeiten** im Voraus planst, dann weißt du, was du kaufst und wirst nicht zu viel ausgeben. Außerdem wirst du keine Zeit zu Hause verbringen und darüber nachdenken, was du mit den **Zutaten** machen solltest, die du gekauft hast.

ALBERT So kaufe ich zu Hause ein und es war nie ein Problem. Solange ich Hafer zum Frühstück habe, kann ich später über die anderen Mahlzeiten nachdenken.

FRAU HOFFMAN Also gut.

ALBERT Ich hol einen **Einkaufskorb**.

FRAU HOFFMAN Am besten hol dir einen Einkaufswagen, damit du deine Tasche **aufhängen** kannst, anstatt sie mitzunehmen und einzukaufen. Hier sind fünfzig Cent für den Einkaufswagen.

ALBERT Danke. Zurück in einer Sekunde.

Hier sind deine fünfzig Cent zurück. Er braucht nur eine Euro-Münze.

FRAU HOFFMAN Behalte sie einfach. Ich versuche, meine kleinen Münzen **loszuwerden**, bevor ich nach Hause gehe. Lass mich meine Jacke in den Einkaufswagen legen. Ok, also welches Gemüse willst du?

ALBERT Ich werde auf jeden Fall Karotten und Tomaten bekommen. Sie sind im Moment im Angebot. Zwiebeln auch.

FRAU HOFFMAN Wie wäre es mit **Süßkartoffel**?

ALBERT Ich würde sie gerne kaufen, aber sie ist ein bisschen teuer. Normale Kartoffeln sind jedoch billig. Muss ich sie in einer 3kg-**Tüte** kaufen? Ich glaube nicht, dass ich sie alle essen kann, solange sie noch frisch sind.

FRAU HOFFMAN Diese Kartoffeln sind nur 1,99 pro Kilo. Wie viele willst du?

ALBERT Hmm, **komisch**. Der Preis pro Kilo ist immer noch teurer als der 3kg Sack. Ich kaufe einfach den großen Sack.

FRAU HOFFMAN Du kannst sie immer mit David teilen.

ALBERT Ich denke das ist genug Gemüse für ein paar Tage. Diese Bananen sehen gut aus. Ich denke, ich bekomme etwas für einen Snack in Uni.

FRAU HOFFMAN Sieh dir die Äpfel an. Sie sind **eine kaufen, eine gratis bekommen**.

ALBERT Aber dann muss ich 2kg Äpfel essen. Es sei denn, ich teile sie auch mit David.

FRAU HOFFMAN Vielleicht solltet ihr zwei in Zukunft zusammen einkaufen.

Albert und seine Mutter sind an der Kasse und zahlen für seine Einkäufe.

VERKÄUFERIN Sie haben vergessen, diese Bananen zu **wiegen** und einen **Aufkleber** auf die Tasche zu legen.

ALBERT Oh, Entschuldigung. Ich wusste nicht, dass ich es musste.

VERKÄUFERIN Wollen Sie sie noch?

ALBERT Ja, sollte ich schnell zurücklaufen, um sie zu wiegen?

VERKÄUFERIN Nein, nein. Bitte benutzen Sie die **Waage** gleich neben der Kasse 3 und kommen Sie zurück.

ALBERT Ok, zurück in einer Minute.

Ok.Bitte schön. Ich wusste nicht, dass du das hier selbst machen musstest. Warum hast du es mir nicht gesagt?

FRAU HOFFMAN Ich wusste es auch nicht. Ich bin noch nie **gebeten** worden, Obst und Gemüse selbst zu wiegen. Normalerweise machen sie es an der Kasse.

VERKÄUFERIN Nicht alle Supermärkte machen es an der Kasse. Einige müssen Sie selbst tun. Aber es ist kein Problem, wenn Sie es vergessen. Es gibt immer eine Reihe von Waagen in der Nähe.

ALBERT Gut zu wissen.

VERKÄUFERIN Haben Sie eine Payback-Karte?

ALBERT Nein, was ist das?

VERKÄUFERIN Es ist eine **Kundenkarte**. Sie können sie in vielen lokalen Geschäften verwenden, um Punkte zu **sammeln**. Punkte können dann gegen Geschäftsguthaben **eingetauscht** werden, um beim Einkauf Geld zu sparen.

ALBERT Ich glaube nicht, dass ich lange genug hier sein werde, um **genügend** Punkte zu sammeln.

VERKÄUFERIN Ihre Summe ist 23,45 Euro Wie möchten Sie bezahlen?

ALBERT Mit Karte bitte.

VERKÄUFERIN Möchten Sie Geld **abheben**?

ALBERT Hmm, vielleicht sollte ich. Kann ich bitte 40 Euro bekommen?

VERKÄUFERIN Ok. Legen Sie einfach Ihre Karte in den Boden und geben Sie Ihre PIN ein.

ALBERT Ich hoffe, das funktioniert.

VERKÄUFERIN Nehmen Sie Ihre Karte raus. Möchten Sie die **Quittung**?

ALBERT Nein danke.

FRAU HOFFMAN Sie sollten immer die Quittung nehmen.

ALBERT Ok, ja, bitte geben Sie mir die Quittung.

VERKÄUFERIN Und hier ist Ihr 40 Euro. Einen schönen Tag noch.

ALBERT Danke. Gleichfalls. Tschüss.

Vocabulaire

örtlichen - local
Hafer - L'avoine
hinzufügen - Ajouter
Reinigungsprodukten - Produits de nettoyage
aufzuheben - ramasser
Mahlzeiten - Repas
Zutaten - Ingrédients
Einkaufskorb - Panier
aufhängen - pendre

loszuwerden - se débarrasser de
Süßkartoffel - Patate douce
Tüte - Sac
komisch - drôle
eine kaufen, eine gratis bekommen - acheter un en obtenir un
gratuitement
wiegen - peser
Aufkleber - Autocollant
Waage - Balance
gebeten - a demandé
Kundenkarte - Carte de fidélité client
sammeln - collecte
eingetauscht - échangé
genügend - assez
abheben - se désister
Quittung - le reçu

Chapitre 17

Die Patin

Albert und seine Mutter besuchen Alberts Patin.

FRAU ROT Wow, schau dir die Höhe von dir an. Ich kann nicht glauben, wie groß du bist. Sie müssen dich in Amerika gut **ernähren**. Wie groß bist du jetzt?

ALBERT Ich bin 180cm groß. Es ist nicht so groß.

FRAU HOFFMAN Er ist eigentlich einer der Kürzesten in seiner Klasse. Immer war seit dem Kindergarten.

FRAU ROT Nun, du bist immer noch sehr groß zu mir. Kannst du dich an mich erinnern?

ALBERT Nicht wirklich. Wie alt war ich?

FRAU ROT Es war auf deiner fünften Geburtstagsparty. Wir sind nach New York geflogen, nur um dich zu sehen.

ALBERT Ich kann mich nur an diese Party erinnern, als mein bester Freund mir einen **Taschenrechner** geschenkt hat.

FRAU HOFFMAN Das ist alles, an was du dich erinnern? **Weder** der Clown noch der Geburtstagskuchen?

ALBERT Nichts. Nur der Taschenrechner.

FRAU ROT Ich erinnere mich noch an diesen Clown. Er war sehr gut. War es nicht einer deiner **Nachbarn**?

FRAU HOFFMAN Ja. Herr Daniels von der anderen Straßenseite.

ALBERT Alter Herr Daniels! Aber er hasst Kinder. Er hat uns immer **beschimpft**, weil wir auf der Straße Hockey gespielt haben.

FRAU HOFFMAN Er hat dich nur davor **bewahrt**, von einem Auto angefahren zu werden. Wir lebten damals auf einer sehr belebten Straße.

ALBERT Ich war froh, dass wir umgezogen sind, bevor ich mit dem **Gymnasium** angefangen habe.

FRAU ROT Tolle Erinnerungen. Kannst du glauben, dass es 15 Jahre her ist, seit wir uns gesehen haben?

FRAU HOFFMAN Ich weiß. Es ist zu lange her.

FRAU ROT Wusstest du, dass deine Mutter und ich uns jeden Tag gesehen haben, als wir Teenager waren?

ALBERT Ja, sie hat gesagt, ihr seid beste Freunde. Und deshalb hat sie dich gebeten, meine Patin zu sein.

FRAU ROT Sie hat mich meinem Mann vorgestellt. **Ursprünglich** wollte er mit deiner Mutter ausgehen, aber sie sagte ihm, dass er mit mir ausgehen solle.

FRAU HOFFMAN Ich wusste, dass ihr zwei besser **zusammenpasst**. Ich hatte Träume davon, die Welt zu **bereisen**, also wollte ich keinen Freund.

FRAU ROT Nun, du hattest Recht. Übrigens, als du gesagt hast, dass du kommst, habe ich ein paar unserer alten Fotos angeschaut. Hier kommt einer von mir und deiner Mutter in die Disco.

ALBERT Haha, Mama schau dir deine **Frisur** an.

FRAU HOFFMAN Das war damals der Trend. Ich bin mir sicher, dass deine Kinder auf Fotos von dir zurückblicken und lachen werden.

FRAU ROT Und hier ist einer von uns auf dem **Weihnachtsmarkt**. Das war der Tag, nachdem mein Mann **vorgeschlagen** hatte und wir mit **Glühwein** feierten.

ALBERT Ihr beide seht sehr glücklich aus. Ist dein Mann jetzt bei der Arbeit?

FRAU ROT Ja, er arbeitet als **Feuerwehrmann**. Unsere beiden Söhne arbeiten auch als Feuerwehrleute, aber an verschiedenen Stationen.

ALBERT Ausgezeichnet. Wie alt sind sie?

FRAU ROT Alan ist 31 und Hans ist 29.

ALBERT Sind sie verheiratet?

FRAU ROT Hans heiratete seine Schulfreundin als er 18 war und sie haben drei wunderschöne Kinder. Alan war verheiratet, aber sie haben sich kürzlich **geschieden**. Sie teilen das **Sorgerecht** für ihre Tochter.

FRAU HOFFMAN Und du? Wie genießt du den Ruhestand?

ALBERT Oh, du bist im Ruhestand. Wo hast du vorher gearbeitet?

FRAU HOFFMAN Sie war Bankmanagerin.

FRAU ROT Das stimmt. Sobald die Kinder im Kindergarten waren, ging ich zur Arbeit in der Bank und war dort für mehr als 25 Jahre.

ALBERT Ich habe nicht bemerkt, dass das **Rentenalter** in Deutschland so niedrig war.

FRAU ROT Es ist nicht. Ich entschied mich, früh in Rente zu gehen und **Kunstunterricht** zu nehmen.

FRAU HOFFMAN Das erinnert mich daran, dass ich einen Termin bei der Bank für dich gemacht habe, um mit einem **Vertreter** der Versicherungsgesellschaft zu sprechen.

ALBERT Wissen sie, wofür der Termin ist?

FRAU HOFFMAN Ja, der Vertreter Herr Bootz wird dir alles erklären.

FRAU ROT Oh, dieses Foto ist lustig. Das ist deine Mutter, nachdem sie beim Handstand den Spiegel **zerbrochen** hat.

FRAU HOFFMAN Dieser Spiegel war eine **Antiquität**. Dein Großvater war wütend. Dies ist ein gutes Beispiel dafür, warum du eine Haftpflichtversicherung **benötigest**.

ALBERT Deine Versicherung bezahlt, um den Spiegel zu **reparieren**?

FRAU HOFFMAN Wir hatten keine Versicherung. Deshalb war er wütend.

FRAU ROT Ich erinnere mich. Er lachte normalerweise über die verrückten Dinge, die wir gemacht haben, aber er war wirklich wütend auf diese Zeit.

FRAU HOFFMAN Er sagt immer, es sei **unchristlich**, wütend zu sein.

FRAU ROT Ja, ich erinnere mich, dass er das gesagt hat. Gehst du in die Kirche, Albert?

ALBERT Nein. Ich bin jede Woche in die Kirche gegangen, als ich jung war, aber jetzt nur zu Weihnachten.

FRAU ROT Meine Kinder sind auch nicht sehr religiös. Wir laden sie jeden Sonntag zur Kirche ein, aber sie haben immer **Ausreden**.

FRAU HOFFMAN Die jüngere Generation interessiert sich nur nicht für die Kirche.

ALBERT Es ist schwierig für mich, an Gott zu glauben, wenn ich so viel über die Geschichte der Welt studiere.

Vocabulaire

ernähren - nourrir
Taschenrechner - Calculatrice
Weder - ni
Nachbarn - Voisins
beschimpft - grondé
bewahrt - protéger
Gymnasium - École secondaire
Ursprünglich - Initialement
zusammenpasst - rencontre
bereisen - en voyageant
Frisur - Coiffure
Weihnachtsmarkt - Marché de Noël
vorgeschlagen - Proposé
Glühwein - Vin chaud
Feuerwehrmann - Sapeur pompier
geschieden - divorcé
Sorgerecht - Garde
Rentenalter - L'âge de la retraite
Kunstunterricht - Cours d'art
Vertreter - Représentant
zerbrochen - cassé
Antiquität - Antique
benötigest - avoir besoin
reparieren - réparation
unchristlich - peu chrétien
Ausreden - Des excuses

Chapitre 18

Die Anschlagtafel

Albert und seine Kommilitonen sehen sich die Notizen an der **Anschlagtafel** *an der Universität an.*

PIERRO Ha, 200 Euro für eine **gebrauchte** G2000 Akustikgitarre. Du kannst eine brandneue für weniger als das kaufen. Wer auch immer diese Anzeige **platziert** hat, träumt.

ERICH Sie sagt 200 Euro oder bestes Angebot. Der Verkäufer legte 200 Euro wird aber wahrscheinlich ein Angebot für viel weniger akzeptieren.

ALBERT Ich frage mich, ob es für dieses Fahrrad genauso ist. Es sagt 450 Euro, aber ich möchte nicht so viel bezahlen, wenn ich es nur für ein paar Monate benutze.

PIERRO Das ist ein gutes Modell. Wenn es funktioniert, dann ist es ein guter Preis. Neue kosten etwa 1500 Euro.

ERICH Ich glaube, du gehst besser zum Fahrradmarkt. Dort kannst du verschiedene Fahrräder **ausprobieren** und Preise **vergleichen**.

ALBERT Ich denke du hast recht. Ich möchte meine Zeit oder die Zeit des Verkäufers nicht **verschwenden**, wenn er mein Angebot nicht akzeptiert.

PIERRO Ich kann die Anzeige für diese Akustikgitarre immer noch nicht glauben.

ERICH Es ist nicht so seltsam. Vielleicht hat er viel mehr als 200 Euro bezahlt.

PIERRO Wenn er 200 Euro für diese Gitarre bekommt, dann werde ich eine Anzeige für meine alte Akustikgitarre für 500 stellen. Die **Saiten** sind kaputt, aber sie ist immer noch ein besseres Modell als das.

ERICH Ich **bezweifle**, dass jemand eine Gitarre mit gebrochenen Saiten für 500 Euro kaufen wird. Jetzt träumst du.

PIERRO Wir werden sehen. Also, Albert, du suchst ein Fahrrad?

ALBERT Ich denke darüber nach. Wäre gut, um die Stadt und im Wald zu fahren.

PIERRO Wenn du ein bekommst, lass es mich wissen. Ich kenne einige wirklich aufregende Wege im Wald, zu denen wir fahren können.

ALBERT Ah, **ausgezeichnet**. Ich werde definitiv ein kaufen.

ERICH Dann musst du ein Mountainbike kaufen.

ALBERT Das macht es einfacher zu suchen, wenn ich auf den Markt gehe.

PIERRO In der Zwischenzeit kann ich meinen Mitbewohner fragen, ob du sein Fahrrad benutzen kannst, wenn du willst?

ALBERT Danke, aber ich mag es nicht, Dinge von anderen Leuten zu **leihen**. Lass uns warten, bis ich eins für mich kaufe.

PIERRO Das Angebot ist offen, wenn du deine **Meinung** änderst.

ERICH Und du kannst hier eine Anzeige **aufgeben**, um es zu verkaufen, bevor du zurück nach Amerika gehst.

PIERRO Und mach den Preis viel höher als du bezahlt hast.

ALBERT Haha, vielleicht kann ich etwas Geld verdienen.

ERICH Apropos Geld, schau dir alle Anzeigen für einen **Mathelehrer** an. Wie kommt es, dass niemand jemals ein Tutor für Geschichte braucht?

PIERRO Ich weiß. Mathe-Tutoren können so viel Geld verdienen. Ich würde es lieben, das für ein paar Stunden pro Woche zu verdienen.

ALBERT Wirst du nicht viel für deine Gigs bezahlt?

PIERRO Das Geld ist in Ordnung, aber wir müssen es zwischen vier **Bandmitgliedern aufteilen**.

ERICH Wie gut bist du dann in Mathe, Albert? Denkst du, du könntest einen **Gymnasiasten** unterrichten?

ALBERT Ich erinnere mich an keine Mathematik, die ich in der Schule gelernt habe. Obwohl ich ein bisschen mehr Geld verdienen möchte, während ich hier bin. Gibt es Anzeigen für Teilzeitjobs?

ERICH Hier ist einer für einen Babysitter.

PIERRO Haha, wie gut bist du mit Kindern, Albert?

ALBERT Lass das **ignorieren**. Was gibt es noch?

ERICH Hier ist einer für ein Call-Center. Es sagt 50 Euro pro Stunde.

PIERRO Es muss Telemarketing sein.

ALBERT Ich hasse es, wenn Leute mich anrufen und versuchen, mir etwas zu verkaufen, also möchte ich nicht einer dieser Leute werden. Was verkaufen sie?

ERICH Das sagt es nicht.

PIERRO Ich suche den Firmennamen online.

Ihre Website sagt, sie verkaufen Versicherungen.

ALBERT Das ist die schlimmste Art von Telemarketer.

ERICH Es sagt nicht Telemarketing. Es könnte etwas anderes sein.

PIERRO Für diesen **Betrag** pro Stunde muss es Telemarketing sein.

ALBERT Außerdem glaube ich nicht, dass mein Deutsch gut genug ist, jemanden am Telefon davon zu **überzeugen**, eine Versicherung zu kaufen.

PIERRO Es wird gut sein, **besser zu werden**.

ERICH Hmm, ich sehe keine anderen Jobs hier.

ALBERT Ich denke, es gibt nicht viele Jobs für Studenten in Freiburg.

ERICH Nicht unbedingt. Dies ist nur eine Anschlagtafel.

PIERRO Viele Stellen **werben** normalerweise in der Zeitung oder im **Schaufenster**, wenn du als Verkäufer arbeiten willst.

ERICH Und du kannst immer das **Universitätskarrierezentrum** fragen. Oder sprich mit dem Professor.

ALBERT Warum mit dem Professor sprechen?

ERICH Er kennt viele Leute in Freiburg und bekommt oft Anfragen, ob sich einer seiner Studenten für Arbeit interessiert.

PIERRO Ja, er hat sogar einen Job für mich und ein paar andere gefunden, um ein paar Tage im **Rathaus** zu arbeiten.

ALBERT Ok, dann werde ich ihn fragen, ob er Möglichkeiten für Teilzeitarbeit hat.

Vocabulaire

Anschlagtafel - tableau d'affichage
gebrauchte - d'occasion
platziert - mis
ausprobieren - essayer
vergleichen - comparer
verschwenden - déchets
Saiten - Cordes
bezweifle - doute
ausgezeichnet - excellent
In der Zwischenzeit - Pendant ce temps
leihen - prêter
Meinung - Opinion
aufgeben - abandonner
Apropos - Au fait
Mathelehrer - Tuteur de maths
Bandmitgliedern aufteilen - Diviser entre les membres du groupe
Gymnasiasten - Lycéen
ignorieren - ignorer
Betrag - Montant
überzeugen - convaincre
besser zu werden - aller mieux
werben - afficher
Schaufenster - Vitrine
Universitätskarrierezentrum - Centre de carrière universitaire
Rathaus - Mairie

Chapitre 19

Der Buchladen

Am Samstag laufen Albert und Natascha in Freiburg herum. Sie gehen in einen Buchladen und sprechen über ihre Lieblingsbücher.

ALBERT Kein guter Tag für einen Spaziergang.

NATASCHA Nein, heute ist es nicht sehr schön.

ALBERT Meine Wetter-App sagt, dass es bald regnen wird. Ich mag den Winter, aber manchmal wird es zu kalt und **nass**.

NATASCHA Ich weiß was du meinst. Ich mag sowohl den Winter als auch den Sommer, aber ich wäre immer noch lieber kalt als heiß.

ALBERT Genau so fühle ich mich. Wenn es kalt ist, kann man einfach Winterkleidung anziehen. Aber wenn es zu heiß ist, gibt es nichts, was du tun kannst. Außer natürlich alle deine Kleidung auszuziehen.

NATASCHA Ha, ich denke du würdest dafür **verhaftet** werden.

ALBERT Es hängt davon ab, wo du es machst. In der Mitte der Stadt wäre keine gute Idee.

NATASCHA Vielleicht ist es am besten, einfach drinnen zu bleiben oder in ein Geschäft mit **Klimaanlage** zu gehen. Wie ein Buchladen.

ALBERT Gute Idee. Gibt es in Freiburg gute Buchläden?

NATASCHA Ja, da ist einer genau hier.

ALBERT Ah ja. Lass uns **eintreten**, bevor es zu regnen beginnt. Hier, lass mich die Tür öffnen.

NATASCHA Für welche Bücher interessierst du dich?

ALBERT **Abgesehen** von Geschichtsbüchern mag ich Autobiografien.

NATASCHA Ich auch. Ich meine, ich mag Autobiographien, nicht Geschichtsbücher. Ich glaube, sie **befinden sich** im zweiten Stock. Diese Etage ist nur für **Romane**.

ALBERT Magst du keine Romane?

NATASCHA Ich habe viele gelesen, aber ich habe nur ein paar gelesen, die mir gefallen haben. Hast du *Der Alchimist* gelesen?

ALBERT Ja, ich denke, jeder hat das gelesen. Meine Lieblingsliteratur ist die Fantasy-Trilogie ***Der Herr Der Ringe***. Plus *Der Hobbit* natürlich. Hast du sie gelesen?

NATASCHA Nein, ich habe die Filme gesehen, aber ich bin nicht so ein Fan von Fantasy. Was ist besser, die Bücher oder die Filme?

ALBERT Die Bücher sind viel **beschreibender** und haben mehr Charaktere als im Film, also mag ich sie, aber die Filme waren fantastisch. Der dritte Film gehört zu meinen drei beliebtesten Filmen aller Zeiten.

NATASCHA Gibt es ein Buch, für das du dich **schämst** zu lieben? Ich meine, wäre es dir **peinlich**, wenn jemand herausfindet, dass du ein bestimmtes Buch magst?

ALBERT Ich glaube, du fragst mich, weil du ein hast, für das du dich schämst.

NATASCHA Ich sage dir meins, wenn du mir deins sagst.

ALBERT Haha, ok. Aber lach nicht. Ich liebe das Buch *Bridget Jones Diary*.

NATASCHA *Bridget Jones - Schokolade zum Frühstück*! Wow, das habe ich nicht erwartet.

ALBERT Es ist ein Bestseller. Das bedeutet, dass viele Leute dieses Buch lieben.

NATASCHA Ja, Frauen.

ALBERT Was ist dann deins?

NATASCHA Es ist nicht **annähernd** so peinlich wie deins. Ich liebe die Harry Potter Bücher.

ALBERT Warum schämst du dich, sie zu lieben? Viele **Erwachsene** und Kinder lieben sie. Ich wünschte, ich hätte dir jetzt nicht mein erzählt.

NATASCHA Mach dir keine Sorgen, dein **Geheimnis** ist bei mir sicher.

ALBERT Oder vergiss einfach, dass ich das Buch gesagt habe. Ich machte sowieso nur Spaß.

NATASCHA Ich glaube nicht. Ich denke du liebst dieses Buch und wahrscheinlich auch die **Fortsetzungen**.

ALBERT Ich beantworte das nicht. Hast du dann eine Lieblingsbiografie?

NATASCHA Haha, versuche das Thema zu wechseln. Nun, es gibt keinen, der als Favorit **herausragt**. Ich lese oft Autobiographien von Philosophen, aber die von **Komikern** mag ich am besten. Sie sind lustiger zu lesen.

ALBERT Manchmal haben Komiker die **tragischsten** Lebensgeschichten. Und viele **begehen Selbstmord**. Weißt du wer Robin Williams ist?

NATASCHA Ich glaube nicht. Ist er Amerikaner?

ALBERT Ja, er war ein sehr berühmter Komiker und Filmstar. Er hat 2014 unerwartet Selbstmord begangen.

NATASCHA Oh, wie traurig! Nein, die Komiker, die ich mag, sind alle Deutsche. Ihr Leben ist mehr wie meiner, aber lustiger. Ich denke, deshalb mag ich sie.

ALBERT Oh, vielleicht kannst du mir ein empfehlen, wenn wir oben in der Biografieabteilung sind.

NATASCHA Sicher, aber ich glaube nicht, dass es auf Englisch sein wird. Kannst du Bücher auf Deutsch lesen?

ALBERT Wenn es in einem **Gesprächsstil** geschrieben ist, dann sollte es mir möglich sein.

NATASCHA Ok, gut, weil ich nicht glaube, dass die Witze gut ins Englische übersetzt werden könnten.

ALBERT Wenn ich Hilfe brauche, dann kannst du herüber kommen und mir helfen.

NATASCHA Haha, lass uns sehen. Und du? Hast du eine Lieblingsbiographie oder eine Biographie?

ALBERT Meine Favoriten sind von berühmten **Eroberern** und **Entdeckern**.

NATASCHA Also meinst du Leute wie Napoleon?

ALBERT Ja, wie Napoleon, aber auch moderne **Schriftsteller** wie Bill Bryson. Er ist eigentlich auch ein lustiger Schriftsteller. Du würdest seine Bücher genießen.

NATASCHA Ok, du kannst eines davon für mich empfehlen.

ALBERT Möchtest du auf Englisch oder auf Deutsch lesen?

NATASCHA Natürlich auf Deutsch. Oder bietest du an, zu mir zu kommen und mir zu helfen, die englische Version zu lesen? Aber du solltest wissen, ich lese nur im Bett.

Vocabulaire

nass - humide
verhaftet - arrêté
Es hängt davon ab - Ça dépend de
Klimaanlage - Climatisation
eintreten - entrer
Abgesehen - Une part
befinden sich - sont situés
Romane - Des romans
Der Herr Der Ringe - le Seigneur des Anneaux
beschreibender - descriptif
schämst - honteux
peinlich - gênant
annähernd - presque
Erwachsene - Adultes
Geheimnis - Secret
Fortsetzungen - Sequels
herausragt - se démarque
Komikern - Comédiens
tragischsten - le plus tragique
begehen Selbstmord - se suicider
Gesprächsstil - Style conversationnel
Eroberern - Conquérants
Entdeckern - Découvreurs
Schriftsteller - Écrivain

Chapitre 20

Der Bus zum Flughafen

*An der Bushaltestelle **verabschiedet** sich Albert von seiner Mutter, als sie nach Amerika zurückkehrt.*

ALBERT Bist du sicher, dass du nicht willst, dass ich mit dir zum **Flughafen** komme?

FRAU HOFFMAN Ja, ich bin mir sicher. Du musst wahrscheinlich Kursarbeit machen oder du möchtest deine Freunde treffen.

ALBERT Nein, ich habe keine Pläne.

FRAU HOFFMAN Es ist in Ordnung. Ich habe ein Magazin, also werde ich mir nicht langweilen.

ALBERT Dann mach eine gute Reise. Lass es mich wissen, wenn du sicher kommst.

FRAU HOFFMAN Ich werde. Und du lernst hart und **übst** dein Deutsch weiter. Aber natürlich viel Spaß.

ALBERT Das werde ich. Ich habe schon viel Spaß.

FRAU HOFFMAN Ja, dein Vater hat mir erzählt, dass du ein Mädchen kennengelernt hast.

ALBERT Er hat es dir gesagt! Er **hätte wenigstens warten können**, bis du nach Hause kommst.

FRAU HOFFMAN Nun, sei einfach in Sicherheit. Wenn du weißt, was ich meine.

ALBERT Natürlich, Mama. Das musst du nicht sagen.

FRAU HOFFMAN Ich stelle nur sicher. Und kontaktiere deine Cousinen. Sie freuen sich darauf, dich zu treffen.

ALBERT Ich freue mich darauf, sie auch zu treffen. Ich werde ihnen nächste Woche eine Nachricht schicken.

FRAU HOFFMAN Ja, warte nicht bis zur letzten Minute oder du wirst mit **Prüfungen** beschäftigt sein und du hast keine Zeit, sie zu treffen.

ALBERT Ich bin mir sicher, dass ich sie in den nächsten Wochen sehen werde.

FRAU HOFFMAN Und geh oft zu deinem Opa. Du wirst ihn vielleicht nie wieder sehen, wenn du Deutschland verlassen hast.

ALBERT Das werde ich. Er könnte mir vielleicht bei einigen **Aufträgen** zur Freiburger Geschichte helfen.

FRAU HOFFMAN Du kannst ihm danken, indem du ihm bei der **Gartenarbeit** hilfst. Er ist zu alt, um es zu machen.

ALBERT Klar, ich helfe ihm mit allem, was er braucht.

FRAU HOFFMAN Guter Junge. Bist du sicher, dass du genug Geld hast?

ALBERT Ja. Ich denke daran, einen Teilzeitjob für zusätzliches **Taschengeld** zu bekommen, aber ich habe genug, um Dinge zu kaufen, die ich brauche.

FRAU HOFFMAN Ich habe trotzdem einen **Umschlag** mit etwas Geld unter deinem Laptop in deinem Zimmer für dich **hinterlassen**.

ALBERT Mama, das solltest du wirklich nicht haben. Aber danke.

FRAU HOFFMAN Nun, ich sollte einsteigen und einen Sitzplatz finden, bevor der Bus **abfährt**. Tschüss Liebling. Komm und gib deiner Mutter eine **Umarmung**.

ALBERT Auf Wiedersehen Mama. Pass auf.

FRAU HOFFMAN Gleichfalls. Ich werde es dich wissen lassen, wenn ich zu Hause ankomme. Ich liebe dich.

ALBERT Ich liebe dich auch. Wir sehen uns in ein paar Monaten.

Albert ist in seine Wohnung zurückgekehrt und redet mit David.

DAVID Also fliegt deine Mutter heute nach Hause?

ALBERT Ja, ich habe mich auf dem Bahnhof von ihr verabschiedet. Ich bot an, mit ihr zum Flughafen zu fahren, aber sie sagte, sie könne einfach alleine gehen.

DAVID Das ist nicht so weit. Sie könnte **je nach Verkehr** in einer Stunde da sein.

ALBERT Oh, ist das so schnell mit dem Bus? Wir haben ein Taxi genommen, als wir hier angekommen sind.

DAVID Und wenn du mit ihr gegangen wärst, hättest du eine Rückfahrkarte kaufen müssen.

ALBERT Das stimmt. Ich habe etwas Geld gespart.

DAVID Außerdem hättest du den ganzen Weg vom Flughafen zurückkommen müssen.

ALBERT Ich mache sowieso nichts. Ich hätte auf dem **Rückweg** gerade Musik gehört.

DAVID Was hörst du **in letzter Zeit**?

ALBERT Oh, ich habe meine Sammlung im Allgemeinen nur auf Shuffle gelegt. Es ist eine **Mischung** aus Rock, Pop und Indie. Ich habe vielleicht auch ein oder zwei R&B Songs drin.

DAVID Meine Sammlung ist ziemlich gleich. Aber am Ende höre ich nur Radio. Ich lasse es entscheiden, was ich höre. Obwohl ich gerne Instrumentalmusik höre, während ich studiere.

ALBERT Wie sind die **Radiosender** hier? Sind sie gut?

DAVID Die Einheimischen sind nicht schlecht. Man hört oft die gleichen Lieder wiederholt, aber das ist **üblich** für Radiosender in jedem Land.

ALBERT Gut zu wissen. Oh meine Mutter hat mich am Bahnhof peinlich berührt. Mein Vater sagte ihr, dass ich ein Mädchen kennengelernt habe und sie wollte sicherstellen, dass ich Safer Sex praktiziere.

DAVID Was hast du gesagt?

ALBERT Natürlich habe ich natürlich gesagt. Aber das ist das letzte Mal, dass ich ihm etwas erzähle.

DAVID Oder das nächste Mal solltest du ihm sagen, er soll es deiner Mutter nicht sagen.

ALBERT Du hast recht. Ich möchte nicht **aufhören**, mit ihm zu reden. Wir haben eine gute Beziehung.

DAVID Er wusste wahrscheinlich nicht, dass du es vor deiner Mutter geheim halten wolltest. Vielleicht dachte er, sie wüsste es schon.

ALBERT Sprich vom Teufel. Sie hat mir gerade eine Nachricht geschickt.

DAVID Ha, sie wusste, dass du über sie redest.

ALBERT Oh nein, die Polizei hat den Bus auf dem Weg zum Flughafen **angehalten**.

DAVID Was? Hat sie gesagt warum?

ALBERT Oh mein Gott! Sie sagte, dass ein **Lastwagen** vor dem Bus steht, der sagt: „**Kampfmittelräumdienst**"!

Vocabulaire

verabschiedet - dire au revoir
Flughafen - Aéroport
übst - entraine toi
hätte wenigstens warten können - au moins aurait pu attendre
Prüfungen - Examens
Aufträgen - Les devoirs
Gartenarbeit - Jardinage
Taschengeld - Argent de poche
Umschlag - Enveloppe
hinterlassen - abandonner
abfährt - s'en va
Umarmung - Étreinte

je nach Verkehr - en fonction du trafic
Rückweg - Chemin de retour
in letzter Zeit - dernièrement
Mischung - Mélange
Radiosender - Stations de radio
üblich - commun
aufhören - Arrêtez
Sprich vom Teufel - Parle du diable
angehalten - Champs obligatoires
Lastwagen - un camion
Kampfmittelräumdienst - Unité d'élimination des bombes

Plus de Dialog Abroad

Ce livre vous aide-t-il dans votre parcours d'apprentissage ? Vos réflexions sur Amazon seraient grandement appréciées. Votre avis aide non seulement les autres apprenants en langue, mais fournit également des informations précieuses pour des personnes comme vous. Merci pour votre contribution à la communauté !